Gruppe lesen und diskutieren können. Wenn Sie die Zusatzinformation voll ausschöpfen möchten, haben Sie dafür zwei Möglichkeiten:

a) Lesen Sie Text und Erläuterungen vorbereitend zu Hause. Oder:

b) Vertiefen Sie das Gespräch über einen Text nachbereitend, indem Sie den Text noch einmal im Zusammenhang lesen und sich Zeit nehmen, die Erläuterungen zu studieren.

Wenn Sie sich mit einem längeren Buch der Bibel beschäftigen, wird es nur in Ausschnitten behandelt werden können. Sie könnten dann den Vorschlägen zur Lektüre folgen, um einen größeren Überblick zu erhalten.

DER TRAUM

11. Der Traum, der dahintersteckt: Menschen finden sich zusammen, um zu einer tragfähigen Gemeinschaft zu werden, in der jeder eine Heimat findet und in seinen Freuden und Schwierigkeiten angenommen ist. Menschen kommen zusammen, reden über ihr Leben und ihren Glauben und begegnen der Bibel – unabhängig davon, ob sie zu einer Kirche gehören oder nicht.

SERENDIPITY

12. Was heißt Serendipity? „Die Gabe, zufällig glückliche Entdeckungen zu machen". Genau darum geht es bei dem Material für Kleingruppen, das vom Arbeitskreis Serendipity herausgegeben wird: Daß Menschen zusammenkommen, ihre Erfahrungen austauschen, der Bibel begegnen und dabei wertvolle Entdeckungen für ihr Leben machen – möglicherweise sogar ganz unvermutet.

Einführung in die Bergpredigt

**Wohlbekannt …
doch kaum beachtet.**

Die Bergpredigt gehört mit den Zehn Geboten zu den bekanntesten Texten der Bibel. Vielen Menschen sind die Seligpreisungen, das Vaterunser, die Ermahnung zur Sorglosigkeit („Seht euch die Blumen auf den Wiesen an") oder das Gleichnis von den zwei Männern, die ihr Haus auf Fels bzw. auf Sand bauten, mehr oder weniger bekannt.

Doch etwas kennen heißt noch nicht automatisch, daß man es verstanden hat und auch tut. Gelegentlich hört man den Satz: „Man muß nur nach der Bergpredigt leben, dann ist Gott schon zufrieden mit uns." Solche vereinfachenden Aussagen lassen die Bergpredigt nur wie einen Aufguß moralischer Grundwahrheiten erscheinen, denen jeder „gute" Mensch sowieso folge. Wer so redet, geht an der Frage vorbei, was der Ruf Jesu nach tiefgreifender, innerer Gerechtigkeit, die „mehr aufweisen muß, als die Pharisäer und Schriftgelehrten" (Matthäus 5,20), eigentlich meint. Es geht hier um weit mehr als um herkömmliche Moralvorstellungen.

Andere meinen, die Bergpredigt habe gar nichts damit zu tun, wie man als Christ heute lebt. Sie glauben, daß die Bergpredigt erst in ferner Zukunft Anwendung finden wird. Für die Gemeinde Jesu sei sie augenblicklich bedeutungslos. Die Betonung der menschlichen Anstrengung richtet sich in ihren Augen gegen das Geschenk der Gnade Gottes. Aber viele Aussagen der Bergpredigt finden sich auch an anderen Stellen in den Evangelien oder den Briefen des Apostels Paulus. Wer die Gültigkeit der Bergpredigt für heute bestreitet, müßte demzufolge auch die Bedeutung weiter Teile des Neuen Testaments verneinen.

Eine dritte Position ist der Überzeugung, daß die Bergpredigt genau das Gegenteil von dem will, was am Anfang beschrieben wurde. Die Bergpredigt will uns keine grundlegenden ethischen Anweisungen geben, vielmehr will uns Jesus durch seine radikalen Forderungen alle Hoffnung nehmen, diese je erfüllen zu können. Dadurch werde der Mensch dazu gebracht, sich allein auf die Gnade und Barmherzigkeit Gottes zu verlassen. Sobald wir dies erkannt hätten, habe die Bergpredigt ihre Aufgabe erfüllt, uns unsere eigene Unzulänglichkeit zu zeigen und uns für Gottes Gnade zu öffnen. Die Schwierigkeit bei dieser Ansicht besteht darin, daß dem Christen dann keine konkrete Anweisung für sein Leben gegeben wird. Was Gott von dem Menschen konkret erwartet, dem bewußt geworden ist, daß er allein von Gottes Gnade abhängig ist, wird nicht gesagt.

Eine vierte Ansicht nimmt die Bergpredigt sehr ernst und versteht sie als von Jesus gegebenes Gesetz im Reich Gottes. Die Anweisungen (mit Ausnahme der Abschnitte, die von Selbstverstümmelung zu sprechen scheinen) werden buchstabengetreu befolgt. So ist etwa der Schwur grundsätzlich verboten. Scheidung ist nur bei Ehebruch gestattet und Wiederheirat nicht erlaubt. Gewaltanwendung wird strikt abgelehnt. Das Problem dieser Auslegung liegt darin, daß am Ende Jesu „Gesetz" härter und unbarmherziger ist als das Gesetz des Mose. Der Leser der Bergpredigt wird zur Gesetzlichkeit angehalten, obwohl Jesus sich über weite Strecken doch gerade gegen den unsinnigen gesetzlichen Ansatz der Pharisäer wandten.

Die Bergpredigt ist jedoch keine Sammlung von Vorschriften, die eine gute Lebensführung ermöglichen sollen. Genausowenig weist sie auf ein in ferner Zukunft liegendes Reich Gottes hin, das für die Gemeinde Jesu der Gegenwart ohne Bedeutung ist. Sie hat auch nicht das Ziel, die Hörer scheitern zu lassen und zur Verzweiflung zu führen. Und sie ist auch keine Gesetzessammlung, die durch die Kirche eingefordert wird.

Die Bergpredigt zeigt die innere Wesensart der Nachfolger Jesu zu allen Zeiten. In dieser Predigt begegnet man den radikalen Forderungen des Reiches Gottes, das durch das Kommen Jesu angebrochen ist. Es ist die Regierungserklärung Gottes, die „beschreibt, wie das menschliche Leben und die menschliche Gemeinschaft aussehen, wenn sie unter die gnädige Herrschaft Gottes kommen"*. Mit der Überlieferung dieser kurzen Predigt beschenkt Matthäus seine Leser mit unvergeßlichen Bildern, die beschreiben, was es bedeutet, ein Jünger Jesu zu sein.

Der Hintergrund der Bergpredigt

Man stellt sich gerne vor, die Evangelien seien Biographien Jesu, chronologisch geordnete Aufzeichnungen dessen, was er getan hat. Die Autoren erscheinen dann wie moderne Reporter, die nur Tatsachen weitergeben. Diese Sicht wird den Evangelien nicht gerecht. Eine genauere Betrachtung macht klar, daß die Autoren mehr Bearbeitern gleichen als Reportern. Wenn man ihre Arbeit mit einer Filmproduktion vergleichen würde, so sind sie nicht die Kameraleuten. Sie zeichnen nicht einfach alles auf, was gerade passiert. Sie schneiden und kleben eher Szenen zusammen, um bestimmte Effekte zu erzielen. Die Autoren stellen die Geschichten und Aussagen Jesu auf unterschiedliche Weisen vor. Damit betonen sie verschiedene Aspekte des Lebens Jesu, seines Auftrags und seines Rufs zur Nachfolge.

Es ist deshalb in diesem Zusammenhang wichtig, daß die Bergpredigt zu allererst an die Jünger gerichtet ist (5,1.2). Das Volk ist auch anwesend (5,1; 7,28), aber die unmittelbaren Hörer sind die Jünger, die Jesus ihre treue Gefolgschaft zugesagt haben. *Die Bergpredigt ist keine Liste von Voraussetzungen, die man erfüllen muß, um ein Jünger zu **werden**, sondern der Lebensweg, den die erreichen wollen, die Jünger **sind**.* Wie alle anderen biblischen Autoren macht auch Matthäus klar, daß die Beziehung zu Gott ein Geschenk ist, das wir nur aufgrund der Gnade Gottes bekommen können. Jesus ist das Licht aller Völker, er ruft die Menschen auf, Gottes Reich aufzunehmen (4,17). Er lädt Menschen ein, seine Jünger zu sein (4,18-22). Er wendet sich liebevoll allen zu, die ihr Vertrauen auf ihn setzen (8,2-3.5-7; 9,2.22.29). Einerseits kann sich niemand selbst den Zugang zu Gott verschaffen, aber andererseits ist auch niemand so sehr in Sünde verstrickt, daß er ein hoffnungsloser Fall wäre (18,21-35). Die Rettung ist ein Geschenk Gottes.

Wer jedoch dieses Geschenk annimmt, muß auch bedenken, was es für sein Leben bedeutet, unter Gottes Herrschaft zu stehen. Die Bergpredigt zeigt, wie das Leben mit Gott gestaltet werden kann. Sie führt vor Augen, welches Lebensprogramm Gott für die gedacht hat, die Jesus nachfolgen wollen. Sie setzt den Standard, den Christen in ihren Überzeugungen und Beziehungen anzustreben haben. Das sind hohe Ziele, die alles Mittelmaß entlarven, mit dem sich so viele abgefunden haben – Ziele, die zum ganzen Einsatz motivieren.

---

* John R. Stott, The Message of the Sermon on the Mount.

Wir sehen uns hier einem Leitbild persönlicher und sozialer Gerechtigkeit gegenüber, das sich gegen billige Einschränkungen zur Wehr setzt. Die Aussagen der Bergpredigt verdeutlichen, was das Gebot der Gottesliebe und der Nächstenliebe meint. Ziel dieser Kapitel ist es, denen ein Lebensprogramm vor Augen zu stellen, die durch Gottes Gnade motiviert und bewegt werden.

Die Blickrichtung der Bergpredigt

Vereinfacht läßt sich die Bergpredigt in drei Teile unterteilen.

5,1-20	Die Haltung der Jünger
5,21-7,6	Kennzeichen dieser Haltung
7,7-27	Aufruf, dieser Haltung nachzustreben

Obwohl diese Einteilung stark vereinfacht, lenkt sie unsere Aufmerksamkeit auf das Hauptanliegen dieser Kapitel: die Haltung der Nachfolger Jesu. Matthäus 5,20 unterstreicht dies. Jesus stellt deutlich heraus, daß seine Jünger die Gerechtigkeit der Pharisäer und Schriftgelehrten übertreffen sollen. Jesus setzt damit die Pharisäer nicht herab, als würden sie nur vorgeben, etwas Besseres zu sein, obwohl sie genau wußten, daß dies nicht der Fall ist. Die Pharisäer waren tatsächlich ernsthaft darum besorgt, vor Gott gerecht dazustehen. Sie verstanden Gerechtigkeit als eine Sache der minutiösen, äußerlichen Befolgung der Regeln, Gesetze und Traditionen, die überliefert worden waren.

Beispielsweise war eine Gruppe der Pharisäer bekannt als die „Pharisäer der Beulen und Schrammen". Diese Männer nahmen es mit der Heiligkeit so ernst, daß sie zu extremen Mitteln griffen, um sich vor Sünde zu schützen. Um sündige Gedanken beim Anblick einer Frau zu vermeiden, verbanden sie sich die Augen, wenn sie außer Haus gingen. Die daraus folgenden Zusammenstöße und Stürze brachten ihnen ihren Spitznamen ein. Sie waren zwar sehr darum besorgt, gerecht zu sein; Jesus macht aber klar, daß ihr Ansatz unangemessen ist. Selbst solche extremen Maßnahmen sind nicht ausreichend. Vermutlich zielt Jesus mit seinem Aufruf, sich das Auge auszureißen, das zur Sünde verführt, auf die Methoden der „Pharisäer der Beulen und Schrammen". Die Augen einfach zu schließen, ist eben nicht genug. Es bedarf viel radikalerer Methoden, um das zugrundeliegende innere Problem anzugehen.

Die Bergpredigt ist nicht als neues Gesetz zu verstehen, das Jesus den Menschen zur Befolgung vorgelegt hat. Die Menschen brauchen (damals wie heute) nicht ständig neue Regeln, die ihnen sagen, was Gott von ihrem Leben fordert. Es gibt viele solcher ausgeklügelten Regelsysteme. Das Problem liegt darin, daß der Mensch stets versucht, die Regeln zu umgehen oder ihren Geltungsbereich einzuschränken, um seinen eigenen Interessen nachgehen zu können. Man kann das am Beispiel der Pharisäer erkennen. Nach ihrer Ansicht hatten sie das Gebot „Du sollst nicht töten!" damit erfüllt, daß sie niemanden umbrachten. Die frauenverachtenden Regelungen der Ehescheidung waren in ihren Augen rechtens und mußten damit auch vor Gott akzeptabel sein. Sie verschleierten damit aber den Verstoß gegen das Verbot des Ehebruchs.

Jesus entlarvte, bekämpfte und überwand diese buchstäbliche Anwendung des Gesetzes. Er forderte nicht die Einhaltung eines neuen Gesetzes, sondern er forderte ein neues Herz. Es ging ihm darum, daß sich der Charakter seiner Nachfolger am Charakter Gottes orientierte und formte.

Die Auslegung der Bergpredigt

Die Vielzahl der Ansichten über die Bergpredigt und die Tatsache, daß sie eine Sammlung von Aussagen ist, macht die Auslegung einzelner Abschnitte schwierig. Zusätzlich gibt es weitere Bedenken, die die Auslegung erschweren.

Die Bergpredigt ist z.B. voll von Bildern und Hinweisen auf Bräuche, die auf dem Hintergrund der damaligen Kultur verstanden werden müssen. Die Jünger werden „das Licht der Welt" genannt. Sie sollen das „Heilige nicht den Hunden geben", „durch die enge Pforte eingehen" und die „andere Wange hinhalten", wenn sie auf die eine geschlagen werden. Um diese Aussagen richtig verstehen und anwenden zu können, muß man wissen, was sie in den Tagen Jesu bedeuteten. Beispielsweise benutzt der heutige Westeuropäer Salz nur dazu, Speisen zu würzen. Zur Zeit Jesu war Salz zugleich ein wichtiges Konservierungsmittel, das Lebensmittel davor bewahrte, in der Hitze zu verderben. Das wirft ein besonderes Licht auf die Aussage Jesu, seine Jünger seien „das Salz der Erde". Um zu verstehen, was es bedeutet, die „andere Wange hinhalten", muß man wissen, daß es weniger um einen erneuten handgreiflichen Angriff geht, als um eine beleidigende Geste.

Eine zweiter Punkt, der die Interpretation der Bergpredigt betrifft, ist die Vertrautheit mit rabbinischer Lehrpraxis. Oft stellt der jüdische Lehrer zuerst eine grundsätzliche Aussage oder These in den Raum und verdeutlicht sie danach anhand von Beispielen. Da solch eine These als allgemein gültiger Grundsatz verstanden werden sollte, war seine Anwendung auf konkrete Situationen keine einfache Angelegenheit. Der Rabbi mußte solche Anwendungen zur Verfügung stellen. Jesus benutzte diese Lehrmethode zum Beispiel in Matthäus 5.39a. Er legt seinen Hörern das Prinzip des Verzichts auf Vergeltung vor und gibt dann in den Versen 39b-42 vier Beispiele, die dies illustrieren.

Ein dritter Faktor, der die Auslegung grundlegend beeinflußt, ist das Erkennen von bildlicher Sprache im Unterschied zu Texten, die wörtlich auszulegen sind. Die Übertreibung war zur Zeit Jesu ein gern gebrauchtes Mittel, um die Aufmerksamkeit der Hörer zu gewinnen. Eine Aussage wird auf die Spitze getrieben, um etwas ganz Bestimmtes zu verdeutlichen. Die Radikalität ist Mittel, nicht Kern der Aussage. Durch einen überdeutlichen Gegensatz zu einer vorherrschenden Ansicht wird der Hörer gezwungen, ganz neu über den betreffenden Punkt nachzudenken.

Die Ausleger sind sich zwar einig, daß in der Bergpredigt Übertreibungen eingesetzt werden, sie stimmen aber nicht darin überein, wo und wann das der Fall ist. Die meisten Leute akzeptieren die Aussage über das Almosengeben („Wenn du aber jemandem hilfst, dann soll deine linke Hand nicht wissen, was deine rechte tut. Niemand soll davon erfahren"; 6,3). Diese Forderung kann nicht buchstäblich erfüllt werden, sondern richtet sich gegen das demonstrative und prahlerische Almosengeben.

Unter Christen besteht aber keine Einigkeit über das Verständnis von Aussagen wie Matthäus 5,32b („Und wer eine geschiedene Frau heiratet, der begeht auch Ehebruch") oder 5,39 („Wehrt euch nicht, wenn euch Böses geschieht"). Manche Kirchen legen etwa die erste Stelle buchstäblich aus (und verbieten Scheidung und Wiederheirat) und verstehen die zweite bildlich (so daß z.B. die Teilnahme an Kriegen erlaubt ist). In anderen ist es gerade umgekehrt. Die Gründe, aufgrund derer solche Entscheidungen gefällt werden, sind nicht immer nachvollziehbar.

Es gibt vier Fragen, die bei der Entscheidung helfen, ob eine Aussage als Übertreibung gemeint ist oder nicht:

1. In welchem Zusammenhang findet sich die Aussage?

Weite Teile der Bergpredigt richten sich gegen Überlieferungen und Praktiken der Pharisäer und Schriftgelehrten (5,20.21.27.31.33.38.43; 6,2.5.16), die Handlungen und Haltungen rechtfertigten, die eigentlich Sünde waren. In diesen Fällen ist es hilfreich, den damaligen Umgang mit Ehescheidung, Schwur, Almosengeben, Gebet usw. zu kennen, dem Jesus seine Aussagen entgegenstellt. Die Frage bekommt dann etwa die Bedeutung: „Wogegen wendet sich Jesus konkret mit seiner Aussage?" und „Welches sind heutige Entsprechungen der damaligen Fehler?".

2. Würde die wörtliche Befolgung den eigentlichen Kern der Aussage treffen?

Die ganze Bergpredigt hindurch kritisiert Jesus die törichte Haltung, die aufgrund rein äußerlicher Erfüllung von Vorschriften Gerechtigkeit erwartet. Er richtet den Blick immer wieder auf die zugrundeliegenden, inneren Haltungen. Das Herausreißen des Auges verändert nur die Fähigkeit zu sehen, nicht aber das Herz, das zu den begehrlichen Blicken geführt hat. Weil es um das Grundproblem der Sünde geht, fällt die Forderung so radikal aus. Man kann zwar der Warnung nachkommen, „überhaupt nicht zu schwören" (5,34), eigentlich geht es Jesus aber darum, daß man ein Mensch wird, dessen Worte in jedem Fall vertrauenswürdig sind. Ob sich jemand etwa vor Gericht vereidigen läßt, ist überhaupt nicht das Anliegen Jesu.

3. Stimmt die buchstäbliche Befolgung der Aussage mit anderen Aussagen der Bibel zu diesem Thema überein?

In der Bergpredigt wiederholt Jesus eigentlich immer wieder den alttestamentlichen Ruf, daß Gottes Volk heilig sein solle. Das ganze Neue Testament bestärkt diesen Ruf in gleicher Weise. Die Bergpredigt enthält nichts Einmaliges oder Besonderes, was die Lebensführung der Christen angeht. Deshalb muß das ganze Neue Testament herangezogen werden, um eine spezielle Auslegung der Bergpredigt zu überprüfen. So ist etwa das persönliche Gebet hinter verschlossener Tür (6,6) zusammen zu sehen mit den Gebetsversammlungen der Christen (Apostelgeschichte 4,24 und an vielen anderen Stellen).

4. Stimmt die buchstäbliche Auslegung an dieser Stelle mit der grundsätzlichen Sicht der Bibel vom Menschen überein?

Diese fordert auch in ethischen Fragen Ganzheitlichkeit, Liebe und Gerechtigkeit. Jesus stellt sich in der Bergpredigt eindeutig gegen jedes Verständnis von Gerechtigkeit, das sich an rein äußerlicher Gesetzeserfüllung mißt. Es geht ihm um die innere Haltung, die unserem Verhalten zugrunde liegt. Im Gegensatz zum rein buchstäblichen Verständnis von Matthäus 5,39 kann es in bestimmten Fällen liebevoller und gerechter sein, sich gegen Böses zu wehren, statt zuzulassen, daß auch viele andere Personen davon betroffen werden. Kern der Warnung ist die Herausforderung, statt sich an Gegnern zu rächen, eine liebevolle und dienende Haltung einzunehmen. Es wird damit nicht abgestritten, daß Einrichtungen wie etwa Gerichte zur Rechtsfindung nötig und angemessen sind.

Die Herausforderung der Bergpredigt

Die bisherigen Überlegungen machen deutlich, daß die Auslegung der Bergpredigt eine anspruchsvolle Aufgabe ist. Wir werden geistig und geistlich gefordert. Wir werden vielleicht versuchen, brisante Aussagen zu entschärfen. Auch wo wir unbequeme Aussagen als Übertreibungen einstufen, wird uns das kein Schlupfloch bieten. Die Wirklichkeit, die durch die Übertreibung ausgedrückt werden soll, wird uns mehr herausfordern als die einfache Befolgung der Aussage. John W. Miller schreibt in seiner kurzen, aber gründlichen Auslegung der Bergpredigt:

„Wenn Sie nun beginnen, die Bergpredigt zu studieren, sollten Sie zuerst einen Augenblick innehalten und über den Grad Ihrer persönlichen Bereitschaft nachdenken. Vielleicht haben Sie Christsein bisher vor allem unter dem Blickpunkt der Zugehörigkeit zu einer Kirche verstanden und Sie hatten weniger im Blick, daß es zu radikalen Veränderungen in Ihrem Leben führen kann. Vielleicht dachten Sie, Christsein sei vor allem eine Frage der Zustimmung zu bestimmten Dogmen, und Sie waren sich gar nicht bewußt, daß es viel eher der Aufruf zum Handeln ist, ein Ruf in die Nachfolge Jesu und zum Gehorsam, der Sie einiges kosten kann. Vielleicht haben Sie auch gedacht, daß die Hauptaufgabe des Christen darin besteht, sonntags zum Gottesdienst zu gehen und während der Woche ein anständiges Leben zu führen, und Sie hatten nicht vermutet, daß Christsein Ihr ganzes Lebensprogramm verändern und Sie in Konflikte mit den ‚Königreichen dieser Welt' bringen könnte.

Überlegen Sie sich gut, ob Sie wirklich aus der Masse heraustreten wollen. Wer ein Jünger Jesu werden will, der wird in der Bergpredigt radikal herausgefordert."

Wie verläuft ein Treffen?

Jedes Treffen besteht aus drei Teilen:

 1. Einstieg (15 – 20 Minuten)

Der Einstieg bietet Hilfen an, um sich untereinander kennenzulernen und ins Gespräch zu kommen. Er ist ein wichtiger Pfeiler der Beziehungsbrücke, über die Gemeinschaft entsteht.

 2. Impulse für das Gespräch (30 – 40 Minuten)

Lesen Sie den Bibeltext zunächst gemeinsam. Die Fragen zu Teil 2 geben Ihnen einen Leitfaden für Ihr Gespräch. Greifen Sie immer dann auf die Erläuterungen zurück, wenn der Sinn des Textes sich nicht von selbst erschließt.
Sie werden vielleicht nicht alle Fragen in der zur Verfügung stehenden Zeit ansprechen können. Wählen Sie dann einfach die aus, die Ihrer Gruppe am wichtigsten erscheinen.
Zu manchen Fragen möchten Sie sich vielleicht nicht in der Gruppe äußern. Geben Sie aber Ihre Antwort für sich persönlich. Natürlich hat jeder die Freiheit, nur das mitzuteilen, was er wirklich möchte.
Wenn Ihre Gruppe recht groß ist, können Sie auch überlegen, ob Sie sich für das Bibelgespräch – immer oder hin und wieder – in kleinere Gruppen (etwa zu viert) aufteilen. Das gibt jedem einzelnen die Möglichkeit, häufiger zu Wort zu kommen.

 3. Austausch und Gebet (15 – 30 Minuten)

Hier ist Gelegenheit, den Text noch einmal ganz persönlich auf sich wirken zu lassen und, wenn Sie möchten, persönliche Anliegen anzusprechen. Dieser Austausch und das gemeinsame Gebet füreinander dienen ganz entscheidend dem Zusammenwachsen und dem Aufbau einer tragfähigen Gemeinschaft.

Die Mindestzeitangaben sind für Gruppen gedacht, die nur eine Stunde zur Verfügung haben. Wenn Sie mehr Zeit zur Verfügung haben, verlängern Sie die angegebenen Zeiten einfach entsprechend.

Zum Umgang mit den Erläuterungen

Sie werden nicht jede Erläuterung zu jedem Einzelvers gemeinsam in der Gruppe lesen können. Gelegentlich wird in den Gesprächsimpulsen auf einzelne Erläuterungen Bezug genommen. Wenn Sie die Zusatzinformation der Erläuterungen voll ausschöpfen möchten, haben Sie dafür zwei Möglichkeiten: Lesen Sie Text und Erläuterungen vorbereitend zu Hause oder vertiefen Sie das Gruppengespräch, indem Sie später den Text noch einmal im Zusammenhang lesen und sich Zeit nehmen, die Erläuterungen zu studieren.

1 Einführung

Maßstäbe, die herausfordern (Mt 5,1-5)

DIE SELIGPREISUNGEN

¹Als Jesus die Menschenmenge sah, stieg er auf einen Berg. Nachdem er sich gesetzt hatte, traten seine Jünger zu ihm.
²Da redete er zu ihnen und begann, sie zu unterweisen:
³„Glücklich sind, die erkennen, wie arm sie vor Gott sind, denn Gottes Herrschaft und Herrlichkeit gehört ihnen.
⁴Glücklich sind die Traurigen, denn Gott wird sie trösten.
⁵Glücklich sind, die auf Gewalt verzichten, denn sie werden die ganze Erde besitzen."

 Einstieg (15 – 20 Minuten)

Zur Erinnerung: Sie müssen nicht alle Fragen beantworten. Wählen Sie die aus, die für Ihre Gruppe am interessantesten sind.

• Was verbinden Sie mit dem Erlebnis einer Bergbesteigung?

• Wohin würden Sie sich mit Ihren Freunden für eine Zeit der Besinnung zurückziehen?

• Was unternehmen Sie, wenn Sie Ruhe haben wollen?

 **Impulse für das Gespräch** (30 – 40 Minuten)

• Wann haben Sie sich das erste Mal intensiver für die Bibel interessiert?

• Von wem erwarten Sie Unterstützung in Fragen des Glaubens?

• Was verstehen Sie unter „arm vor Gott sein"? Wie sähe das Gegenteil davon aus?

• Was würden Sie wählen, wenn Sie sich zwischen der „Herrschaft und Herrlichkeit Gottes" und einem Lottogewinn entscheiden sollten? Warum?

• Welchen Stellenwert hatte es während Ihrer Kindheit, Gefühle auszudrücken?

- Sind Sie heute offener für Ihre Gefühle als in Ihrer Kindheit?

- Wenn es um den Verzicht auf Gewalt geht, wer ist dafür ein gutes Beispiel?

- Wie würden Sie Ihre augenblickliche Einstellung den Seligpreisungen gegenüber beschreiben?

Austausch und Gebet
(15 – 30 Minuten)

- Was erwarten Sie von diesem Bibelgesprächskreis?

- Haben Sie als Gruppe schon eine Vereinbarung getroffen (vgl. S. 6 und S. III im Mittelteil)?

- Wen würden Sie gern zum nächsten Treffen einladen?

- Gibt es ein besonderes Anliegen, für das Sie die Unterstützung der Gruppe wünschen, auch im Gebet?

- Beten Sie zum Abschluß miteinander in der Form, in der es für Ihre Gruppe „stimmt".

Erläuterungen

Überblick und Kontext. Die sogenannte Bergpredigt ist der erste (und längste) der fünf großen Lehrabschnitte im Matthäusevangelium. Jesus spricht hier vor allem über das Reich Gottes und darüber, was es bedeutet, zu ihm zu gehören. Die Bergpredigt ist nicht lediglich eine Sammlung wichtiger ethischer Prinzipien (obwohl sie grundlegende ethische Erkenntnisse bietet). Jesus wollte seinen Zuhörern vor Augen führen, was es bedeutet, im Gehorsam gegenüber Gott zu leben. Auch an anderen Stellen in den Evangelien wirft Jesus diese Fragen auf.

5,1-2. Auf einen Berg. Der „Berg" hat hier vor allem theologische Bedeutung: Die damaligen jüdischen Leser mußten in dieser Formulierung eine Anspielung auf die Geschichte Israels erkennen. Mose war auf den Berg Sinai gestiegen, um dem Volk Israel das Gesetz zu geben. Jesus wird hier wie der versprochene zweite Mose gezeichnet („Gott wird euch einen Propheten wie mich senden, einen Mann aus eurem Volk. Auf den sollt ihr hören!" 5Mo 18,15).

Nachdem er sich gesetzt hatte. Anders als heutige Prediger setzten sich jüdische Lehrer in der Regel, wenn sie in der Synagoge lehrten. Dadurch wird die Autorität Jesu betont.

Jünger. Jesus lehrt jeden, der ihm nachfolgen will.

5,3-10. Die Seligpreisungen. Ähnliche Segenszusagen begegnen uns mehrfach im Alten Testament, besonders in den Psalmen (z.B. Ps 1,1; 32,1-2). Jede Seligpreisung Jesu beginnt mit einer Definition des Charakters (des geistlichen Zustandes) derer, die zum Reich Gottes gehören. Danach wird von der Belohnung gesprochen, die solche Menschen erwartet. Die Seligpreisungen haben alle einen gegenwärtigen und einen in der Zukunft liegenden Aspekt (V. 3 u. 10 streichen den gegenwärtigen Aspekt besonders heraus). Sie beschreiben nicht acht verschiedene Typen von Personen, sondern nennen Wesenszüge, die jeder Glaubende trägt. In diesem Abschnitt (wie in der ganzen Bergpredigt) besteht eine Spannung zwischen dem Ideal (das hier vorgestellt wird) und der Realität (dem Vorhandensein von Sünde und Versagen). Dennoch beschreibt Jesus hier die Haltung, in der seine Jünger leben sollen.

5,3. Glücklich sind ... Das griechische Wort makarios beschreibt die, denen man gratulieren kann, die gesegnet und wohlauf sind. Es bedeutet nicht, daß sie immer erfolgreich und wohlhabend sind. Unabhängig davon, ob sie dies nun wissen oder fühlen, sind sie glücklich zu nennen, denn sie haben das richtige Verhältnis zu Gott. Bei der Auslegung dieses Ausdruckes in den Psalmen schreibt Martin Buber: „Es ist ein freudiger Ausruf und eine begeisterte Feststellung: Wie glücklich ist doch dieser Mann. Im Ausruf, der seinem Wesen nach zeitlos ist, wird die Zweiteilung von jetzt und nachher, von irdischem und künftigem Leben gleichsam aufgesogen ... Auch der Psalmist will offenbar sagen: Merkt auf, da gibt es ein heimliches, von den Händen des Daseins selber verstecktes Glück, das alles Unglück auf- und überwiegt. Ihr seht es nicht, aber es ist das wahre, ja das einzige Glück."

Arm vor Gott sein. Dieser Ausdruck spricht nicht von denen, die im materiellen Sinn arm sind, sondern von denen, die sich ihrer Bedürftigkeit vor Gott bewußt sind. Lukas läßt in seiner Fassung die Worte „vor Gott" (wörtlich *„im Geist"*) weg. Sowohl im Alten Testament wie auch im Neuen Testament waren die Armen vor Gott auch im ursprünglichen Sinn des Wortes arm. Wer Gott die Treue hielt, wurde leicht zur Zielscheibe von Unterdrückung und Ausbeutung durch die, die Gottes Maßstäbe zugunsten ihres materiellen Gewinnes mißachteten. Jes 61,1ff bietet einen alttestamentlichen Hintergrund für die Seligpreisungen. Den Juden wird im Exil die Befreiung durch Gott angekündigt. Sie sind die Armen, Verzweifelten (Traurigen) und Gefangenen (die auf Gewalt verzichten) im feindlichen Land. Es sind die Menschen, die in demütiger Abhängigkeit von Gott leben (Ps 34,6). Dies ist keine träumerische Verklärung einer vermeintlichen Schlichtheit, die in der Armut liegt, sondern hier wird der Charakter eines Menschen gezeichnet, der Jesus nachfolgt. Man kann die Bergpredigt nicht in der richtigen Weise lesen, ohne anzuerkennen, daß wir vor Gott völlig bankrott sind. Die Anerkennung unserer Armut und der Notwendigkeit, verändert zu werden, ist die erste Bedingung, die uns die Bergpredigt zumutet.

Gottes Herrschaft und Herrlichkeit gehört ihnen. Diese Erklärung ruft eine neue Ordnung aus. Die Juden nahmen traditionell an, daß die Herrschaft Gottes die Führerschaft und Erhöhung Israels über alle Völker bedeute. Jesus tritt dieser nationalistischen Ansicht entgegen. Das Reich Gottes, das man sich als einen Ort des Friedens, der Fülle, Gerechtigkeit und des Überflusses vorstellte (Jes 42;49;51;65,17-25), steht nach den Worten Jesu jedem offen, der seine Bedürftigkeit vor Gott anerkennt. Es ist nicht mehr entscheidend, ob jemand zum Volk Israel gehörte oder nicht. Diese Botschaft Jesu gilt jedem Menschen, der offen ist für sein Reich.

5,4. Die Traurigen. Damit sind nicht diejenigen gemeint, die unter tragischen Ereignissen leiden, die jeder von uns erfahren kann. Es geht um die, die leiden, weil Menschen Stolz, Arroganz und Bosheit ausleben und Gott als ihren Herrn nicht anerkennen. Kurz gesagt, sind sie traurig über die Sünde, die einzelne Menschen oder ganze Gesellschaften verletzt. Es sind Menschen, die über ihre eigene Schuld trauern und darüber, daß sie auch andere in Mitleidenschaft zieht. Sie sind darüber traurig, daß gesellschaftliche, staatliche und religiöse Strukturen, die mit den besten Vorsätzen eingerichtet wurden, dennoch von der Sünde korrumpiert sind und eine Vielzahl von Menschen zugrunde richten. Es sind Menschen, die leiden, weil man ihrer Entschlossenheit, unter der Herrschaft Gottes zu leben, mit Feindseligkeit begegnet oder sie lächerlich macht. Sie leiden daran, daß das Böse in der Welt scheinbar die Überhand gewinnt.

Gott wird sie trösten. Um mich von Gott trösten zu lassen, muß ich zuerst mein persönliches Versagen, meine Schuld vor Gott eingestehen. In dem Maße, wie ich mich persönlich diesem Versagen stelle, erfahre ich auch den Segen Gottes, sein Trösten und Heilen – und meine Erneuerung.

5,5. Die auf Gewalt verzichten. Dies entspricht dem Ausdruck „arm vor Gott sein". Es schließt einen Lebensstil ein, der geprägt ist von Sanftheit, Demut und Höflichkeit. Jesus sagt in Mt 11,28-30 mit dem selben Ausdruck von sich selbst: „Ich komme nicht mit Gewalt und Überheblichkeit."

Sie werden die ganze Erde besitzen. Es liegt eine gewisse Ironie im Vorgehen Gottes, daß eines Tages nicht denen die Welt übergeben wird, die mit aller Kraft nach ihr greifen, sondern denen, die in ihrem Leben auf Gewalt verzichtet haben. An zwei Stellen in der Geschichte Israels wird deutlich, wie so etwas aussehen kann. Zum einen im gewaltlosen Auszug Israels aus Ägypten und zum anderen (Jahrhunderte später) an der Rückkehr Israels aus der babylonischen Gefangenschaft in ihre Heimat. Die zu ihren Zeiten jeweils mächtigsten Nationen der Erde (Ägypten und Babylon) konnten Gott nicht hindern, seinen Plan mit seinem Volk zu verwirklichen.

Über die Armut vor Gott …

Es geht dabei nicht um eine negative innere Einstellung zu sich selbst. Das wäre eher ein Mangel an Selbstachtung. Die geforderte Haltung wird deutlich an der Begegnung Jesu mit dem angesehenen und reichen, jungen Mann (Lk 18,18-30). Er sollte alles verkaufen, was er besaß (und was ihn glauben ließ, er habe den Segen Gottes in irgendeiner Weise verdient). Indem er alles weggeben und anderen damit helfen sollte, würde er ein wirklicher Jünger Jesu werden.

Über das Trauern …

Wann haben wir zuletzt getrauert über Streit und Unfrieden in unseren Gemeinden, über die Konsumsucht, die Familien zerreißt, oder über Ideologien, die im Namen der Freiheit ganze Völker zerstören? Auf gesellschaftlicher Ebene wird es niemals eine Heilung geben, wenn wir nicht zuerst das Vorhandensein eigener Schuld eingestehen und erkennen, wie sehr wir ihr verfallen sind. Der Zerstörung des einzelnen und der Gesellschaft gilt es ins Auge zu sehen und sie zu beklagen.

Über den Verzicht auf Gewalt …

Am Leben Jesu kann man erkennen, daß der Verzicht auf Gewalt weder aus Schwachheit noch aus Ängstlichkeit kommt. Vielmehr bedeutet er den leidenschaftlichen Einsatz aller Kräfte für das Wohlergehen des anderen. Phil 2,4-7 veranschaulicht diese Haltung, in der Jesus bereitwillig alle seine Macht als Sohn Gottes ablegte, um sich selbst ganz zum Diener für die Menschen zu machen. Später stellt Paulus dieses Handeln Jesu allen Christen als Vorbild vor Augen.

2 Die Seligpreisungen

Wen Jesus glücklich nennt (Mt 5,6-12)

⁶„Glücklich sind, die sich nach Gottes Gerechtigkeit sehnen, denn Gott wird ihre Sehnsucht stillen.
⁷Glücklich sind die Barmherzigen, denn Gott wird auch mit ihnen barmherzig sein.
⁸Glücklich sind, die ein reines Herz haben, denn sie werden Gott sehen.
⁹Glücklich sind, die Frieden stiften, denn Gott wird sie seine Kinder nennen.
¹⁰Glücklich sind, die deshalb verfolgt werden, weil sie Gottes Willen tun. Sie werden mit Gott in seinem Reich leben.
¹¹Wenn ihr verachtet, verfolgt und zu Unrecht verleumdet werdet, weil ihr mir nachfolgt, dann könnt ihr darüber glücklich sein.
¹²Ja, freut euch, denn im Himmel werdet ihr dafür belohnt werden. Genauso haben sie die Propheten früher auch verfolgt."

Der Ablauf des Treffens ist Ihnen bereits vertraut. Wenn Sie sich noch einmal orientieren wollen, lesen Sie noch einmal auf S. 15, wie die einzelnen Schritte aussehen.

Impulse für das Gespräch (30 – 40 Minuten)

- Lassen sich Ihrer Meinung nach die Seligpreisungen heute einfacher umsetzen als zur Zeit Jesu?

- Wie sähen wohl die Prognosen für eine politische Partei aus, die die Seligpreisungen zu ihrem Programm machen würde?

Einstieg (15 –20 Minuten)
(Wählen Sie bitte 1 oder 2 Fragen.)

- Was war als Kind Ihre Lieblingsspeise oder Ihr Lieblingsgetränk?

- Von wem haben Sie am meisten über Charakterstärke gelernt (z.B. Lehrer, Eltern, Freunde …)?

- Wen würden Sie aus Ihrer Familie oder Ihrem Bekanntenkreis aufgrund seiner Fähigkeit, Frieden zu stiften, für den Nobelpreis vorschlagen?

- In welcher Situation haben Sie bisher wirklich Hunger oder Durst gelitten? Kennen Sie auch im geistlichen Bereich Hunger oder Durst?

- Können Sie Barmherzigkeit leichter praktizieren oder leichter annehmen?

- Wenn Gold durch Feuer gereinigt wird, was reinigt das menschliche Herz?

- Welche Mittel werden bei Ihnen zu Hause eingesetzt, um Frieden zu schaffen – welche am Arbeitsplatz oder in der Gemeinde?

- Welche Person bewundern Sie besonders dafür, daß sie klar Stellung bezog, entgegen allem Widerstand?

- Welcher Seligpreisung können Sie am leichtesten folgen, welcher am schwersten?

 ## Austausch und Gebet
(15 – 30 Minuten)

- Wie geht es Ihnen bisher mit den Gesprächen in dieser Gruppe?

- Was würden Sie am liebsten an der Gruppe oder den Gesprächen ändern?

- Könnten Sie sich vorstellen, jemanden zu den Treffen einzuladen? Wen?

- Worin kann Sie die Gruppe in der kommenden Woche im Gebet unterstützen?

Erläuterungen

5,6. Sich nach Gottes Gerechtigkeit sehnen. Im Altertum waren Hunger und Durst ganz gewöhnliche Erfahrungen. Hungrige und durstige Menschen haben nur ein Ziel, nur eine Leidenschaft. Ihre ganze Energie ist darauf gerichtet, Nahrung oder Wasser zu finden. Sie stellen alle anderen Ziele zurück, um zuerst dieses dringliche und wichtige Bedürfnis zu stillen. In gleicher Weise prägt die Menschen des Reiches Gottes das tiefe und intensive Verlangen, Gottes Lebensanweisungen zu erfahren und umzusetzen (Vgl. Ps 42,1-2; Jes 55,1-2). Gerechtigkeit ist nicht zuerst die Übereinstimmung des Lebens mit einer Anzahl bestimmter Gesetze, sondern ein Leben, das das Wesen Gottes in den verschiedensten Lebensbezügen widerspiegelt. So bedeutet das Verlangen nach Gerechtigkeit letztlich die Sehnsucht nach Befreiung von der Sünde in allen ihren Variationen und Erscheinungsformen. Positiv ausgedrückt ist es die Sehnsucht danach, Gottes Willen in allen Lebensbereichen zu befolgen (vgl. Mt 6,33).

Ihre Sehnsucht stillen. Gerechtigkeit entspricht dem Wesen Gottes. Diejenigen, die sie erstreben, können sicher sein, daß ihr Verlagen erfüllt wird. Die Erfüllung hat bereits begonnen und wird vollendet, wenn Gott sein Reich für alle sichtbar aufrichten wird.

5,7. Die Barmherzigen. Genau wie die Gerechtigkeit ist auch die Barmherzigkeit zutiefst Ausdruck des Wesens Gottes. Barmherzigkeit darf man nicht gleichsetzen mit Nachsicht oder Nachgiebigkeit. Sie ist das bewußte Mitleid und die Freundlichkeit dem gegenüber, der sie nicht verdient hat. Das alttestamentliche Gesetz machte Barmherzigkeit zu einer festen Instanz durch die Einrichtung des Erlaßjahres. In diesem Jahr mußten alle Sklaven freigelassen werde, alle Schulden wurden erlassen und alles Land fiel an dessen ursprünglichen Besitzer zurück (3Mo 25,8-55). Dieses Bild der Wiederherstellung früherer Verhältnisse benutzt Jesaja (61,2), um vom „Erlaßjahr des Herrn" zu sprechen, das den Menschen gelten werde, die von der Sünde versklavt sind. Barmherzigkeit zielt auf die Schmerzen, die Zerbrochenheit und das Leid, welche als Folge der Sünde das Leben der Menschen prägen. Sie versucht alles, um dies zu ändern. Barmherzigkeit beschenkt den großzügig, der überhaupt nichts zu erwarten hätte. Sie bietet denen Vergebung an, die uns verletzt haben. Sie kümmert sich um die Bedürfnisse derer, für die wir eigentlich keine Verantwortung übernehmen müßten. Die Motivation zu solchem Handeln kommt aus der Erfahrung der persönlichen geistlichen Armut. Wer den Zustand des eigenen Herzens vor Gott erkannt hat, kann nicht anders, als auch anderen angesichts ihrer Armut Barmherzigkeit zu erweisen.

Gott wird ihnen barmherzig sein. Im Gleichnis vom unbarmherzigen Schuldner (Mt 18) wird deutlich, daß Gottes Urteil über unser Leben unseren Umgang mit anderen widerspiegelt. Dies bedeutet nicht, daß man sich Gottes Barmherzigkeit durch das richtige Verhalten verdienen könnte. Wer es aber ablehnt, anderen gegenüber barmherzig zu sein, macht damit klar, daß er gar nicht verstanden hat, wie dringend er selbst die Barmherzigkeit Gottes braucht. In dieser Seligpreisung sagt Jesus dem Barmherzigen die Barmherzigkeit Gottes zu.

5,8. Ein reines Herz. Alle Seligpreisungen haben ihren Ursprung in der Ethik des Alten Testaments, so auch diese. So wird z.B. in Ps 24,3ff dem der Zugang zur Gegenwart Gottes im Tempelgottesdienst zugesagt, der „kein Unrecht tut und ein reines Gewissen hat". Wenn die Bibel vom Herzen spricht, so meint sie immer die ganze Person einschließlich des Verstandes, der Gefühle und der Handlungen. Es wird hier also eine umfassende Reinheit gefordert, die jeden Bereich unseres Lebens bestimmt.

Gott sehen. Im Alten Testament beschreibt dieser Ausdruck Menschen, die Gottes Gefallen und seine Zuwendung erlebten. Wer eindeutig auf Gott ausgerichtet ist, wird erfahren, was keiner bisher erfahren hat: die umfassende Gegenwart Gottes (vgl. Joh 1,18 und Offb 22,4).

5,9. Frieden stiften. Diese Seligpreisung ruft dazu auf, sich aktiv an der Versöhnung derer zu beteiligen, die unversöhnt leben. Dies kann sowohl im gesellschaftlichen wie auch im persönlichen Bereich nötig sein (vgl. Ps 34,14). Dabei geht es nicht darum, Konflikte möglichst klein zu halten, auch nicht darum, Feindseligkeiten mit Gewalt zu unterdrücken. Wirkliche Friedensstifter suchen die tiefe innere Versöhnung der Menschen. Dazu muß der Anlaß des Streites radikal beseitigt und Haltungen und Handlungen konsequent auf die Wiederherstellung der Harmonie ausgerichtet werden. Der Preis, den Friedensstifter eventuell dafür zahlen müssen, wird im Kreuz Jesu deutlich. Frieden zu stiften (im Falle Jesu zwischen Gott und den Menschen) kann bedeuten, daß man bewußt auf sich nimmt, was andere vernichten würde.

Gott wird sie seine Kinder nennen. Als Kinder Gottes werden die Menschen bezeichnet, die das Wesen Gottes widerspiegeln. In diesem Sinne werden die, die sich für Frieden einsetzen, Kinder Gottes genannt. Gott selbst ist der Ursprung von Frieden und Versöhnung.

5,10. Die verfolgt werden. Zuletzt wird von der Verfolgung gesprochen, die die erwartet, die nach Gottes Willen leben. Viele Christen des 1. Jahrhunderts erfuhren Verfolgung wegen ihres Glaubens am eigenen Leib (vgl. 1Petr 1,6; 3,13-17; 4,12-19).

… weil sie Gottes Willen tun. Verfolgung ist Resultat des Gehorsams gegenüber Gottes Willen in einer Welt, die das nicht erträgt. Die Feindseligkeit, die Jesus von den religiösen Führern seiner Zeit widerfuhr, macht deutlich, was den erwartet, der versucht nach Gottes Willen zu leben.

5,11-12. Hierbei handelt es sich nicht um eine weitere Seligpreisung, sondern um eine Erklärung zu V.10. Drei feindliche Vorgehensweisen gegenüber den Jüngern Jesu werden erwähnt: Verachtung, Verfolgung und Verleumdung.

5,12. Freut euch. (wörtl. *ausgiebig herumspringen*). Die Reaktion der Christen auf Verachtung und Verfolgung soll in ausgelassener Freude bestehen. Freude in Verfolgung hat nichts mit Masochismus oder einem „Märtyrerkomplex" zu tun. Diese Freude entsteht aus der Gewißheit, daß die Verfolgung aus der konsequenten Nachfolge resultiert.

Im Himmel belohnt. Um einem Mißbrauch des Namens Gottes vorzubeugen (und damit gegen das Gebot in 2Mo 20,7 zu verstoßen), war es für Juden üblich, für Gott das Synonym Himmel zu gebrauchen. Auch Matthäus folgt diesem Brauch. Es geht hier also nicht so sehr um eine Belohnung nach dem Tode, sondern um eine Belohnung, die Gott (auch schon in diesem Leben) gewähren wird.

Die Propheten. Nach der jüdischen Überlieferung erlitt Jesaja das Martyrium. Er wurde von denen zersägt, die seine Prophezeiungen ablehnten. Der Prophet Jeremia wurde von seinem eigenen Volk gesteinigt; Hesekiel wurde lächerlich gemacht; Amos sollte vertrieben werden (Amos 7,10-13). Mose, Samuel, Elia und Elisa hatten ebenfalls mit größerem Widerstand zu kämpfen. Johannes der Täufer wurde enthauptet; Jesus selbst gekreuzigt. Wer Gott die Treue halten will, muß sich auch über die Gefahren im klaren sein, die ihn erwarten können.

Hunger und Durst

Die Sehnsucht nach Gerechtigkeit beeinflußt unsere Arbeit, unsere politischen Meinungen und unser Leben in der Gesellschaft in dem Maße, in dem sie unsere persönlichen Beziehungen formt. Wir sind dazu aufgerufen, Gottes Ziele in allen Bereichen unseres Lebens zu verfolgen. In der Bibel erscheint Gerechtigkeit nicht nur als eine private oder persönliche Angelegenheit; vielmehr wird immer auch die soziale Gerechtigkeit miteingeschlossen.

„Gott sehen"

Schon jetzt ist Gott für uns Menschen bruchstückhaft erkennbar. In seiner Schöpfung, in seinem Handeln an uns und in der Geschichte können wir ihn „sehen". Aber wir blicken wie durch einen dunklen Spiegel, vieles bleibt unklar und rätselhaft. „Die Schau Gottes, die jetzt dem Menschen unmöglich ist, ist Verheißung für die Endzeit, in der es zur ungetrübten Gemeinschaft zwischen Gott und Mensch kommen wird, wie sie jetzt nur den Engeln zuteil wird. Gott sehen, wie er ist, ist die unüberbietbare letzte Erfüllung dessen, was der Glaube erhofft. Darin ist alles enthalten, was Heil, Leben, Herrlichkeit heißt."
(Eduard Schweizer)

„Verfolgung um Gottes Willen"

„Diese Aussagen über Verfolgung als Quelle der Freude und des Glücks sind revolutionär. Hier werden uns Maßstäbe gezeigt, die uns herausfordern. Jesus selbst verwirklichte diese Maßstäbe in seinem Leben auf dieser Erde inmitten einer feindlichen Welt, die ihn daraufhin dem Tode am Kreuz auslieferte. Jesus deutet uns an, daß der Sklave nicht mehr gilt als sein Herr."
(Oswald Sanders)

3 Salz und Licht

Was Christen für die Welt bedeuten (Mt 5,13-20)

¹³„Ihr seid das Salz, das die Welt vor dem Verderben bewahrt. Aber so, wie das Salz nutzlos ist, wenn es seine Kraft verliert, so seid auch ihr nutzlos, und man wird über euch hinweggehen, wenn ihr eure Aufgabe in der Welt nicht erfüllt.

Zur Erinnerung: Jedes Treffen besteht aus drei Teilen:
1. Der *Einstieg* bietet Impulse zum gegenseitigen Kennenlernen und führt hin zum Thema des Bibeltextes.
2. Das *Bibelgespräch* gibt Ihnen Gelegenheit, Glaubens- und Lebenserfahrungen miteinander zu teilen.
3. Der *Austausch* vertieft Ihr Gespräch und verbindet Sie als Gruppe untereinander.

 Einstieg (15 – 20 Minuten)
(Wählen Sie bitte 1 oder 2 Fragen.)

● Wurde in Ihrer Kindheit viel Wert auf Weihnachtsschmuck gelegt?

● Wie oft gebrauchen Sie bei Tisch Salz zum Nachwürzen der Speisen? Wurde Ihnen schon einmal salzlose Kost verordnet? Wie erging es Ihnen damit?

● Stehen Sie gern im Rampenlicht oder fühlen Sie sich „hinter der Bühne" wohler?

 Impulse für das Gespräch (30 – 40 Minuten)

● Salz wurde im Altertum zum Würzen, Konservieren und Reinigen von Nahrung benutzt. Was könnte demnach V. 13 für das Wesen des Christen bedeuten?

● Was will Jesus bei seinen Jüngern wohl erreichen mit der Aussage: „Ihr seid das Licht, das die Welt erhellt" (V.14)?

● Wie kann Salz nutzlos werden (vgl. Anmerkung zu V. 13)? Wie kann das Licht wirkungslos werden (V. 14.15)? Was ist die Folge der Abwesenheit von Salz und Licht?

● Was läßt sich aus dem Vergleich mit Salz und Licht über das gesellschaftliche Engagement des Christen sagen?

● Welches der folgenden Bilder beschreibt Sie am besten als „Licht der Welt"?

❑ Flutlicht: Ich bin manchmal so hell, daß ich Menschen blende.

❑ Lampe mit Wackelkontakt: Ziemlich unberechenbar, wann ich leuchte und wann nicht.

¹⁴Ihr seid das Licht, das die Welt erhellt. Eine Stadt, die hoch auf dem Berg liegt, kann nicht verborgen bleiben. ¹⁵Man zündet ja auch keine Lampe an und deckt sie dann zu. Im Gegenteil: Man stellt sie so auf, daß sie allen im Haus Licht gibt. ¹⁶Genauso soll euer Licht vor allen Menschen leuchten. An euren Taten sollen sie euren Vater im Himmel erkennen und ihn auch ehren."

¹⁷„Meint nur nicht, ich bin gekommen, das Gesetz und das, was Gott durch die Propheten gesagt hat, aufzuheben. Im Gegenteil, ich werde beides voll zur Geltung bringen und erfüllen. ¹⁸Denn das sage ich euch: Auch der kleinste Buchstabe im Gesetz Gottes behält seine Gültigkeit, solange die Erde besteht. ¹⁹Wenn jemand auch nur den geringsten Befehl Gottes für ungültig erklärt oder andere dazu verleitet, der wird in Gottes Reich keine Rolle spielen. Wer aber anderen Gottes Gebote weitersagt und sich selbst danach richtet, der wird im Reich Gottes viel bedeuten.

²⁰Aber ich warne euch: Wenn ihr nicht mehr aufweisen könnt als die Pharisäer und Schriftgelehrten, kommt ihr nicht in Gottes Reich."

❑ Kühlschrankbirnchen: Ich bleibe im Verborgenen, aber wenn Leute mich brauchen, scheine ich.

❑ Christbaumbeleuchtung: Es dauert immer eine ganze Weile, bis ich in Aktion trete.

● Was meinte Jesus damit, daß er gekommen sei, „das Gesetz und das, was Gott durch die Propheten gesagt hat … voll zur Geltung zu bringen und zu erfüllen"? (vgl. die Anmerkungen zu V. 17.18).

● Wie kann man der Forderung Jesu in den Versen 19.20 nachkommen? Durch Erfüllung des Gesetzes? Durch ein Leben in der Nachfolge Jesu? Durch Gottes Gnade? (vgl. Anmerkungen zu V. 20). Wie zufrieden ist Gott wohl mit dem, was Sie aufweisen können?

Austausch und Gebet
(15 – 30 Minuten)

● Was belebt Sie neu, wenn Ihr „Akku" leer ist? Kann Ihnen die Gruppe im Bereich des Glaubens irgendwie helfen?

● An welcher Aktion könnten Sie sich als Gruppe beteiligen, um für andere Menschen „Salz und Licht" zu sein?

● Wie könnte Sie die Gruppe in der kommenden Woche im Gebet unterstützen?

Erläuterungen

5,13-16. Matthäus schließt an die Seligpreisungen (die das Wesen der Kinder Gottes beschreiben) die Aufforderung Jesu an, nun diese Wesenszüge in der Welt umzusetzen. Obwohl in der letzten Seligpreisung von feindlichen Reaktionen die Rede ist, betont Jesus die Aufgabe derer, die zum Reich Gottes gehören. Auch wenn Verfolgung und Strafe drohen, sind Zurückhaltung oder Isolation für Christen keine Alternativen. Statt dessen sollen Christen wie Salz (das konserviert und würzt) und Licht (das erleuchtet und erhellt) in dieser Welt sein, auch wenn sie mit Widerstand rechnen müssen. Christlicher Glaube ist kein frommer Rückzug vor der Wirklichkeit dieser Welt. Im Gegenteil, der Christ ist aufgerufen, die Maßstäbe der Seligpreisungen in allen Bereichen des Lebens umzusetzen.

5,13. Salz. Salz war in der Antike ein täglicher Gebrauchsartikel. Es diente zum Würzen, Konservieren und Reinigen von Nahrungsmitteln. Auch ohne Kühlschränke war es möglich, sorgsam gesalzenes, gepökeltes Fleisch nahezu unbegrenzt haltbar zu machen. In gleicher Weise sollen die Christen die sie umgebende Welt durch ihren gelebten Glauben würzen und vor Verfall bewahren. Wie das Salz lautlos und fast geheimnisvoll seine Wirksamkeit entfaltet, sollen auch die Christen im Auftrag Gottes Übel und Unheil bekämpfen.

Nutzlos. Reines Salz verliert nicht seine Wirkung. Das Salz, von dem hier die Rede ist, wurde wahrscheinlich in der Gegend des Toten Meeres gewonnen und enthielt neben Salz noch andere Bestandteile (etwa Kalk, Magnesia, Pflanzenreste). Wurde dieses „Salz" naß, so war es möglich, daß das reine Salz ausgeschwemmt wurde, während die unbrauchbaren Reste übrigblieben.

Über euch hinweggehen. Das unbrauchbar gewordene Pulver wurde als Belag für Wege und Straßen benutzt. Wenn Nachfolger Jesu ihre Bestimmung vernachlässigen (wenn sie aufhören, den Wesenszügen der Seligpreisungen nachzustreben), sind sie in dieser Welt nutzlos.

5,14. Licht. Licht ist ein weiteres Grundelement des Lebens. Seine Aufgabe ist, zu leuchten und die Dunkelheit zu vertreiben. In der Bibel wird Licht oft als Bild benutzt, um Gott, den Messias oder das Volk Israel zu beschreiben (1Joh 1,5; Jes 42,6; 49,6; Joh 1,9; 8,12; 9,5). Hier dient es dazu, die Wirkung derer zu beschreiben, die sich den Maßstäben des Reiches Gottes verpflichtet haben. Solche Menschen erleuchten die Dunkelheit der Welt und bringen Licht und Leben.

Das die Welt erhellt. Israels ursprüngliche Berufung war es, ein Volk zu sein, das unter den Heidenvölkern Gottes Wesen widerspiegeln und damit diese Völker für Gott gewinnen sollte (vgl. Jes 49,6). In gleicher Weise sollen auch die Nachfolger Jesu durch ihren sichtbaren Lebensstil andere für Gott gewinnen. Dieses Wort Jesu macht klar: Es geht nicht um ein bestimmtes Volk oder eine Gruppe von Menschen, sondern um die ganze Welt.

5,14b-15. Die eigentliche Wirkung des Lichtes geht verloren, wenn es an einem verborgenen, unbeobachteten Ort leuchtet. Es ist dazu da, sichtbar seine Wirksamkeit zu entfalten, wie eine Stadt, die auf einem Berg liegt und damit weithin sichtbar ist. Völlig unsinnig ist es, eine Lampe einzuschalten und sie dann z.B. mit einem Eimer zuzudecken.

Im Haus. Die Häuser der damaligen Zeit bestanden zumeist nur aus einem einzigen, großen Raum. Eine Kerze oder ein Licht, das irgendwo im Haus angezündet wurde, erhellte den ganzen Raum. Genauso sollte sich die Haltung eines Christen auf seine Umgebung auswirken. Jesus erwartet von seinen Jüngern nicht, daß sie ihre Nachfolge geheimhalten, sondern daß sie öffentlich dazu stehen. Jeder soll erkennen können, was und wie sie sind.

5,16. Euren Vater im Himmel ehren. Einerseits spricht Jesus davon, daß jeder mit Verfolgung und Schmähung rechnen muß, der sich nach den Regeln richtet, die im Reich Gottes gelten. Hier macht er aber auch deutlich, daß es noch eine andere Reaktion auf das Handeln der Christen gibt. Einige Menschen erkennen am Leben der Christen das Wesen Gottes. Sie loben Gott und beginnen, sich ihm anzuvertrauen.

5,17-20. Das Verhältnis des Christen zum alttestamentlichen Gesetz bereitete den frühen christlichen Gemeinden manches Kopfzerbrechen, da sie zum großen Teil aus Juden bestanden. In diesen Versen gibt Matthäus die Grundhaltung Jesu zum Gesetz wieder.

5,17. Meint nur nicht, ich bin gekommen, das Gesetz aufzuheben. Die Charakterisierung des Reiches Gottes im Blick auf das Wesen der Christen (V. 3-12) und ihre Aufgaben (V. 13-16) schafft das alttestamentliche Gesetz nicht ab, sondern belebt es geradezu. Jesus spricht davon, den Alten Bund zu erfüllen. Er ist es, auf den das Alte Testament hinweist und wartet. Durch seinen Dienst wird die Aufgabe des Alten Bundes erfüllt.

Das, was Gott durch die Propheten gesagt hat. Der Jude verstand unter dem Ausdruck „das Gesetz" die fünf Mosebücher, während er unter der Bezeichnung „die Propheten" die großen Propheten, die kleinen Propheten und die historischen Bücher zusammenfaßte.

Voll zur Geltung bringen und erfüllen. Durch seine Ausführungen in der Bergpredigt unterstrich Jesus konsequent die Absicht des Gesetzes. Die Pharisäer und Schriftgelehrten befaßten sich zwar auch detailliert mit dem Gesetz, verloren dabei aber oft den eigentlichen Sinn des Gesetzes aus dem Blick. Das macht Jesus beispielhaft durch die folgenden Aussagen (vgl. 5,21-6,18) immer wieder klar. Er unterscheidet deutlich zwischen dem Buchstaben des Gesetzes und dem Geist, der dahinter steht.

5,18. Denn das sage ich euch. (wörtl. *denn ich sage euch der Wahrheit gemäß*). Dieser Satz ist geradezu kennzeichnend für Jesus. Er wurde von keinem anderen Rabbi seiner Zeit benutzt.

Der kleinste Buchstabe. Manche hebräischen und aramäischen Buchstaben unterscheiden sich voneinander nur durch einen Punkt oder einen kleinen Strich. Jesus unterstreicht mit dieser Aussage die Gültigkeit des Gesetzes als Verhaltensnorm im Reich Gottes.

Solange die Erde besteht. Das Gesetz hat Bestand, bis Gottes Plan mit dieser Welt erfüllt ist. Die ethischen Forderungen des Gesetzes bleiben in Kraft. Jesu Auftrag war es nicht, diese Forderungen abzuändern, sondern die Menschen dazu aufzurufen, sie von ganzem Herzen zu bejahen und danach zu leben. Sie sollten so das ganze Leben durchdringen.

5,19. Jesus betont hier ausdrücklich, daß das Gesetz ewige Gültigkeit hat, weil es Ausdruck des Wesens Gottes ist. Wer hier Abstriche macht, hat das Wesen des Reiches Gottes nicht wirklich verstanden.

5,20. Pharisäer und Schriftgelehrten. Um die Aussage auf die Spitze zu treiben, stellt Jesus den Angehörigen des Reiches Gottes diejenigen gegenüber, die damals als die frömmsten und gottesfürchtigsten Menschen in Israel galten. Das muß die Jünger schockiert haben. Wenn es noch nicht einmal ausreichte, das zu erfüllen, was die Pharisäer und Schriftgelehrten forderten, um in das Reich Gottes zu gelangen, welche Hoffnung gab es dann für sie, vor Gott gerecht zu werden? Wie die folgenden sechs Antithesen Jesu zeigen, geht es bei der Gerechtigkeit in erster Linie nicht um die Erfüllung eines Regelkataloges. Alle nach außen hin gehaltenen Regeln nutzen nichts, denn es geht darum, was im eigenen Herzen vor sich geht.

Salz und Licht

„Ob wir die ganze Ungeheuerlichkeit dessen, was Jesus hier sagt, ermessen können? Er sagt doch: Ihr Jünger, die ihr hier vor mir steht, ihr so betont unprominenten, bedeutungslosen Leute, ihr armseliges Häuflein, *ihr seid das Salz der Erde und das Licht der Welt.*

Hören wir ja genau hin: Jesus sagt nicht, ihr *sollt* es sein (als ob wir das *machen* könnten), sondern ihr *seid* Salz und Licht (ganz einfach deshalb, weil euer Vater im Himmel euch dazu bestellt hat). Begreift ihr das? Denn das heißt doch nichts Geringeres als dies: Die ganze Erde wird von euch gesalzen und erleuchtet. Die Öffentlichkeit muß mit euch rechnen. Staat und Wirtschaft, Politik und Kultur stehen in eurem Kraftfeld. Muß man sich nicht an den Kopf fassen? Redet hier nicht der helle Wahnsinn?

Es ist ein ungeheures Pathos in diesem Wort. Man muß auch einmal vom *christlichen Selbstbewußtsein* reden und damit diesem Pathos Ausdruck verleihen. Gewiß, wer sich rühmen will, der soll sich seiner Schwachheit rühmen. Wir wissen, daß wir ohnmächtig sind und daß eben Gott und eben er allein in den Schwachen mächtig ist, aber in denen ist er auch mächtig." (Helmut Thielicke)

Weil Gott in uns mächtig ist, können wir Verantwortung für diese Welt übernehmen. Unser Handeln darf sich dann aber nicht darauf beschränken, daß wir in unseren kuscheligen kirchlichen Salzstreuern bleiben. Salz und Licht müssen in dieser Welt, in unserer unmittelbaren Umgebung zur Wirkung kommen. Christen haben die Aufgabe, öffentlich Fehlverhalten anzuprangern und mutig Schuld beim Namen zu nennen. Daß sie damit nicht immer auf freudige Erwiderung stoßen werden, ist klar. Salz, das auf eine Wunde gestreut wird, brennt und ätzt. Ein offenes und ehrliches Wort schmerzt und ruft Widerstand hervor. Aber nur so kann ein Neuanfang beginnen.

Christen sollen aber auch Licht sein in dieser Welt. Sie sollen die frohe und freimachende Botschaft des Evangeliums den Menschen in ihrer Umgebung weitersagen. Sie sind Träger einer neuen Hoffnung.

Somit gehört die Verantwortung für die Gesellschaft, in der wir leben (Salz), und der Auftrag, Menschen die frohe Botschaft von Jesus Christus weiterzusagen (Licht), untrennbar zusammen.

4 Streit unter Brüdern

Du sollst nicht töten (Mt 5,21-26)

²¹„Ihr habt gehört, daß es im Gesetz des Mose heißt: ‚Du sollst nicht töten! Wer aber einen Mord begeht, muß vor ein Gericht.' ²²Doch ich sage euch: Schon wer auf seinen Bruder zornig ist, den erwartet das Gericht. Wer zu seinem Bruder ‚Du Idiot!' sagt, der wird vom Obersten Gericht abgeurteilt werden, und wer ihn verflucht, dem ist das Feuer der Hölle sicher. ²³Wenn du während des Gottesdienstes ein Opfer bringen willst und dir fällt plötzlich ein, daß dein Bruder etwas gegen dich hat, ²⁴dann laß dein Opfer liegen, gehe zu deinem Bruder und versöhne dich mit ihm. Erst danach bringe Gott dein Opfer.
²⁵Setze alles daran, dich noch auf dem Weg zum Gericht mit deinem Gegner zu einigen. Du könntest sonst verurteilt werden und in das Gefängnis kommen. ²⁶Von dort wirst du nicht eher wieder herauskommen, bis du auch den letzten Pfennig deiner Schuld bezahlt hast."

Einstieg (15 – 20 Minuten)
(Wählen Sie bitte 1 oder 2 Fragen.)

● Gab es in Ihrer Kindheit ein Ereignis, wo Ihnen Ihre Geschwister oder ein anderes Kind ziemlich auf die Nerven gingen?

● Wenn Blicke töten könnten, wieviemal „Lebenslänglich" müßten Sie für Ihre „Verbrechen" der letzten Monate absitzen?

● Wenn es um das Thema Selbstbeherrschung geht, dauert es bei Ihnen lange, bis die Sicherung durchbrennt, oder passiert das schnell? Wie lange brauchen Sie dann, um wieder „betriebsbereit" zu sein?

Impulse für das Gespräch (30 – 40 Minuten)

● Jesus hatte seine Hörer geradezu schockiert durch seine Aussage: „Wenn ihr nicht mehr aufweisen könnt als die Pharisäer und Schriftgelehrten, kommt ihr nicht in Gottes Reich." Nun stellt er dem üblichen Konsens religiöser Lehren und Meinungen den Maßstab Gottes gegenüber. Wie sah die Auslegung der Schriftgelehrten zum Gebot „Du sollst nicht töten" aus (V. 21)?

● Wodurch erweiterte Jesus das Gebot, nicht zu töten (vgl. Anm. zu V. 22)?

● Welche besondere Forderung erhob Jesus in den V. 23.24? Welche innere Haltung verlangt er hier?

● Welche speziellen Anweisungen gibt Jesus in den V. 25.26? Welche Haltung des Herzens ist notwendig?

- Was würde Jesus von unserer heutigen Neigung halten, gleich für jede Bagatelle einen Anwalt einzuschalten? Wie wörtlich kann man seine Forderung nach außergerichtlicher Einigung nehmen? Wo ist die Grenze?

- Ging es Jesus mehr um Handlungen oder mehr um Haltungen? Was ist Ihnen wichtiger und warum?

- Jesus benutzt in diesem Abschnitt viermal das Wort Bruder. Sollen seine Aussagen auf alle Beziehungen angewandt werden oder geht es ausschließlich um den Umgang von Christen miteinander? Warum ist Jesus ein positives Miteinander so wichtig?

- Wen macht Jesus für den ersten Schritt zur Aussöhnung verantwortlich (V. 23.24)?

- Wie gehen Sie gewöhnlich mit Streit und Konflikten um? Schlucken Sie das herunter, explodieren Sie eher oder finden Sie einen Mittelweg? Hat Ihr Umgang mit Ärger etwas mit Gott zu tun?

Austausch und Gebet
(15 – 30 Minuten)

- Welche persönliche Beziehung oder Situation kommt Ihnen bei diesem Abschnitt in den Sinn? Kann die Gruppe Ihnen bei einer Lösung helfen oder Sie im Gebet unterstützen?

- Was gefällt Ihnen an dieser Gruppe bisher am besten?

- Gibt es Gebetsanliegen, die Sie gerne nennen möchten?

Erläuterungen

5,21-26. Jesu überraschende Aussage in V. 20 gibt die Richtung für die nachfolgenden fünf Abschnitte (5,27-30.31-32.33-37.38-42.43-48) an, in denen die Gerechtigkeit näher beschrieben wird, die diejenige der Pharisäer und Schriftgelehrten übertrifft. Diese Abschnitte sind bekannt als Antithesen Jesu, da sie jeweils mit den Worten eingeleitet werden: „Ihr habt gehört ... Ich aber sage euch". Jesus bringt seine Zuhörer immer wieder neu dazu, über den eigentlichen Sinn eines Gebotes nachzudenken. Die V. 17-20 machen die Übereinstimmung Jesu mit dem Gesetz deutlich; die Antithesen machen klar, daß er aber der damaligen Auslegung des Gesetzes entgegentrat. Eigentlich ist der Ausdruck „Antithese" etwas irreführend, da Jesus nicht die Aussagen des Gesetzes kritisiert. Er sagt ja keineswegs, daß das Gesetz zwar verbietet zu töten, es nun aber erlaubt sei, den umzubringen, der mich stört. Er sagt auch nicht, daß nach dem Gesetz der Ehebruch verboten ist, es nun aber erlaubt sei, in sexuellen Phantasien zu schwelgen. Pinchas Lapide schlägt vor, statt von Gegenthesen eher von Überthesen zu sprechen, da Jesus die Forderungen des Gesetzes auf die Spitze treibt und überdeutlich macht. In unserem Abschnitt wendet sich Jesus besonders dem Gebot zu, nicht zu Töten. Die Schriftgelehrten hatten die Bedeutung des Gebotes darauf reduziert, niemandem das Leben zu nehmen. Jesus macht deutlich, daß das Gebot schon viel früher ansetzt, nämlich bei den Voraussetzungen zum töten: Zorn, Beschimpfung, Spott und Streit. Er verdeutlicht das mit drei Beispielen solch mörderischer Äußerungen (5,21.22) und stellt zwei vorbildliche Handlungsweisen vor Augen, die zur Versöhnung anregen sollen (5,23-26).

5,21-22. In den Zehn Geboten heißt es zwar einfach „Du sollst nicht töten", Jesus lenkt den Blick aber auf die innere Haltung, die zum Mord führen kann (Zorn, Verachtung oder Verleumdung). Um die drohenden Strafen zu verdeutlichen, stellt Jesus jeweils zwei Aussagen einander gegenüber. 1. Wer jemandem das Leben nimmt, wird vor ein örtliches Gericht gestellt (V. 21); wer aber Zorn in seinem Herzen duldet, muß sich vor dem Gericht Gottes verantworten (V. 22a). 2. Wer eine Person mit Worten beschimpft, wird vom obersten jüdischen Gericht (Sanhedrin) verurteilt (V. 22b); wer andere innerlich zurückweist, dem ist die Hölle sicher (V. 22c).

Ihr habt gehört ... Doch ich sage euch. Dieser Satz hat seine Parallelen im Talmud, den Schriften der Rabbinen. Dort benutzten ihn die jüdischen Lehrer, um eine Auslegung des Gesetzes zu betonen, die einer allgemein verbreiteten Ansicht entgegenstand. Sie aktualisierten auf diese Weise die Wahrheit eines Gebotes in einer sich ständig ändernden gesellschaftlichen, politischen oder kulturellen Umgebung. So führte auch Jesus seinen Hörern wieder die tiefere Bedeutung der Gebote vor Augen. Die Gebote zielen nicht auf Äußerlichkeiten, sondern auf das Innere des Menschen, das Herz, das verändert werden muß. Damit steht Jesus im Gegensatz zu den üblichen Auslegungen der Frommen seiner Zeit.

5,22. Zorn. Das griechische Wort, das hier gebraucht wird, meint nicht den kurz aufflackernden Zorn, sondern den tiefsitzenden, schwelenden und anhaltenden, inneren Groll.

Wer auf seinen Bruder zornig ist. „Wer aber zu seinem Bruder sagt: Du Nichtsnutz!" (Luther – wörtl. *Raca*). Ein aramäischer Ausdruck der Verachtung. Das Wort gibt lautmalerisch das Geräusch wieder, das entsteht, kurz bevor man jemanden anspuckt. Wer es benutzte, machte damit deutlich, wie verächtlich er den anderen fand.

Sanhedrin (Oberstes Gericht). Obwohl Palästina damals unter römischer Oberherrschaft stand, war der Sanhedrin (eine Gruppe von siebzig Männern und einem Hohenpriester als Vorsitzendem) das offizielle Regierungsgremium der Juden. Es setzte sich zusammen aus dem amtierenden Hohenpriester, Mitgliedern privilegierter Familien, den Oberhäuptern der Stämme und einer Reihe von angesehenen Pharisäern, Sadduzäern und Schriftgelehrten. Dieser Kreis regelte alle speziellen Verwaltungsaufgaben, die mit dem jüdischen Gesetz zusammenhingen. Wenn sich für die oben erwähnten verächtlichen Worte oder Handlungen Zeugen beibringen ließen, sprach der Sanhedrin Bestrafungen aus.

Du Idiot. Durch die Wahl dieses Wortes soll der Charakter eines anderen grundsätzlich herabgesetzt werden. Der so Bezeichnete entsprach den moralischen Anforderungen nicht. Möglicherweise spielt auch eine Rolle, daß das griechische Wort für Idiot dem hebräischen Wort für Rebell ähnelt. Eine solche Person wäre dann auch ein Aufrührer gegen Gott. Auf jeden Fall wurde der Idiot für wertlos gehalten, man konnte ihn deshalb auch ruhigen Gewissens übergehen oder gar mißhandeln.

Hölle. Das Wort stammt von Gehenna, dem Hinnom-Tal, einer Schlucht vor den Toren Jerusalems, wo in früheren Zeiten dem Götzen Moloch Kinderopfer dargebracht wurden (1Kö 11,7). Wegen dieser Vorkommnisse betrachteten die Juden diese Schlucht als unreinen Ort. Gehenna wurde zum Synonym für außergewöhnlichen Schrecken, einen Ort der Bestrafung und des geistlichen Todes. Nach Jer 7,23; 16,6f. wird es zur Stätte künftigen Gerichts.

5,23-26. Die oberste Priorität für Jünger Jesu ist die Versöhnung. Die Verse 23.24 unterstreichen, daß Gott Versöhnung wichtiger ist als Opfer und Anbetung. Die Verse 25.26 verdeutlichen dies an einem Beispiel aus der damaligen Zeit.

5,23. Jesus denkt hier an jemanden, der zum Tempel nach Jerusalem geht, um dort Gott anzubeten. Dies war der einzige Platz, an dem er Opfer bringen konnte.

Dein Bruder. In den Versen 22-24 wird viermal das Wort Bruder benutzt. Von daher wird deutlich, es geht um den Umgang der Christen untereinander.

Der etwas gegen dich hat. Verantwortlich für den ersten Schritt zur Versöhnung ist derjenige, der – ob absichtlich oder nicht – einem anderen Anstoß gegeben hat.

5,24. Weite Teile des alttestamentlichen Gesetzes befassen sich mit den Ordnungen des Gottesdienstes. Die genaue Befolgung der Traditionen und Bestimmungen war dem Juden äußerst wichtig. Jesus wertet hier in keiner Weise den Gottesdienst ab. Er betont aber, daß die Versöhnung mit dem Bruder wichtiger ist als der Gottesdienstbesuch. Man kann nicht Gemeinschaft mit Gott haben, wenn man es ablehnt, die eigene Schuld dem anderen gegenüber beim Namen zu nennen. Das war kein neuer Einwand. Bereits der Prophet Jesaja rief das Volk dazu auf, Gerechtigkeit untereinander zu leben. Andernfalls wäre ihr Gottesdienst in Gottes Augen ein Greuel (Jes 1,10-17). Dennoch reduzierte man in den Tagen Jesu Frömmigkeit auf die Beachtung von äußerlichen, kultischen und rechtlichen Regelungen – eine Gefahr, die auch heute noch aktuell ist.

5,25-26. Ein zweites Beispiel für die Wichtigkeit der Versöhnungsbereitschaft stammt aus dem Bereich der Rechtsprechung. Man konnte jemanden wegen eines Streites vor Gericht bringen. Statt nun die Lage zu verschlimmern (indem man dem Streit einfach seinen Lauf ließ, bis ein Richter die Schuld feststellte und eine Bestrafung aussprach), fordert Jesus, die eigenen Vergehen anzuerkennen und sich auf eine Wiedergutmachung zu einigen, damit ein Verfahren überflüssig würde. Das Prinzip, das beide Beispiele verdeutlichen sollen, ist die Bereitschaft, nach einem Fehler unverzüglich den ersten Schritt zu tun, Versöhnung zu suchen und damit den Frieden wiederherzustellen.

Gericht. Die Juden ärgerten sich über die unfaire, heidnische Sitte, Schuldner ins Gefängnis zu werfen, wo sie keine Möglichkeit hatten, zur Bezahlung ihrer Schulden Geld zu verdienen. Genau dieses provozierende Bild benutzt Jesus, um Gottes Strafe und die hilflose Lage dessen zu beschreiben, der nicht bereit ist, Versöhnung zu suchen.

Pfennig. Die kleinste römische Münze.

JESUS UND DAS GESETZ
Eduard Schweizer

Entscheidend ist in diesem Abschnitt, daß Jesu Botschaft nicht mißverstanden wird als Aufforderung, es mit dem Gesetz, mit Gottes Willen nicht ganz so ernst zu nehmen. Der großartige Gehorsam der Pharisäer, die neben allen Steuern noch peinlich genau zehn Prozent ihres Einkommens wegschenkten, die sich lieber wehrlos niedermetzeln ließen, als Gottes Sabbatgeschenk zu verspielen, die grausamste Martyrien erlitten, um ihre Bibel nicht aufzugeben, die wußten, daß Leben erst wahres Menschenleben ist, wo Gott wichtiger wird als alles übrige, das alles wird in keiner Weise lächerlich gemacht. Der Gehorsam soll nicht einfach gemacht, Gott nicht billig werden. Von Jesu Jüngern ist mehr erwartet, eben jene kräftige, leuchtende, weithin sichtbare Jüngerschaft, von der V. 13-16 sprechen. Sie sollen die „Eichen der Gerechtigkeit" sein, von denen Jes 61,3 spricht, weil Gottes Gerechtigkeit in ihnen zur Macht geworden ist und durch sie in die Welt hinausdringt. Matthäus und Paulus können statt dessen auch von der „Liebe" reden. Dazu allerdings braucht es mehr als neue Lehre; sie wird erst möglich durch Gottes eigene Tat, wie es schon die Rede von der Gerechtigkeit Gottes oder von dem durch Gott ins Herz geschriebenen Gesetz besagt. Diese Tat heißt nach Matthäus Jesus. Darum spricht er nicht einfach von der neuen Lehre Jesu, sondern von der Erfüllung des Gesetzes. Und er meint damit, daß Jesus selbst tut, was er lehrt, und es damit dem Nachfolger möglich macht, bei ihm zu lernen, Gottes Willen zu tun „damit alles (was das Gesetz will) geschehe" in Jesu eigenem Leben und von ihm her bei all denen, die er in sein Lehren und Tun, in seine Nachfolge hineinzieht.

5 Das Übel an der Wurzel packen

Von Ehebruch, Scheidung und Schwur (Mt 5,27-37)

²⁷„Wie ihr wißt, heißt es im Gesetz: ‚Du sollst nicht die Ehe brechen' ²⁸Ich sage euch aber: Schon wer eine Frau mit begehrlichen Blicken ansieht, der hat im Herzen mit ihr die Ehe gebrochen. ²⁹Wenn dich also dein rechtes Auge verführt, dann reiß es heraus und wirf es weg! Besser, du verlierst eins deiner Glieder, als daß du heil und unversehrt in die Hölle geworfen wirst. ³⁰Und wenn dich deine rechte Hand verführt, Böses zu tun, so hack sie ab

 Einstieg (15 – 20 Minuten)
(Wählen Sie bitte 1 oder 2 Fragen.)

• Wie glauben Sie, werden sich die Formen von Partnerschaft in unserer Gesellschaft in Zukunft verändern?

• Wie sieht Ihre Vorstellung von einer glücklichen Ehe aus?

• Auf welches Versprechen Gottes oder eines anderen Menschen verlassen Sie sich total?

 Impulse für das Gespräch (30 – 40 Minuten)

• Jesus stellt auch hier die Maßstäbe Gottes den Lehren der jüdischen Tradition gegenüber. Wie vertieft Jesus hier das Gebot, die Ehe nicht zu brechen (V. 27-30)?

• Warum ist es für viele Christen schwierig, über Sexualität im allgemeinen und Lust im besonderen zu sprechen? Ist es ein Thema, über das man grundsätzlich nicht sprechen sollte? Ist es zu persönlich oder berührt es Sie unangenehm?

• Wendet sich Jesus grundsätzlich gegen sexuelles Verlangen oder nur gegen verbotene Beziehungen (vgl. die Anmerkung zu V. 27.28)? Was würde Jesus wohl zur Pornographie oder zum heutigen Umgang mit Sexualität in unserer Kultur und in den Medien sagen?

• Warum wohl benutzt Jesus so übertriebene Formulierungen wie in V. 29.30 (vgl. Sie die Anmerkungen zu diesen Versen)? Was tun Sie, damit Ihre Phantasie nicht auf Abwege gerät?

und wirf sie weg! Es ist besser, ein Krüppel zu sein, als mit Haut und Haaren in die Hölle geworfen zu werden."

³¹„Bisher hieß es: ‚Wenn sich jemand von seiner Frau trennen will, soll er ihr eine Scheidungsurkunde geben.' ³²Ich sage euch aber: Wenn ein Mann sich von seiner Frau trennt, obwohl sie ihn nicht mit einem anderen Mann betrogen hat, so treibt er sie zum Ehebruch. Und wer eine geschiedene Frau heiratet, der begeht auch Ehebruch."

³³„Ihr kennt auch diese Anweisung des Gesetzes: ‚Du sollst keinen Meineid schwören, sondern das halten, was du vor Gott versprochen hast.' ³⁴Ich sage euch aber: Schwört überhaupt nicht! Wenn jemand sagt: ‚Der Himmel ist mein Zeuge!', so mißbraucht er Gottes himmlischen Thron für seine weltlichen Geschäfte. ³⁵Und wenn du dich auf Dinge dieser Welt berufst, so mißbrauchst du Gott auch damit, denn die Erde ist sein Eigentum. Berufe dich nicht auf Jerusalem, denn sie ist die Stadt Gottes. ³⁶Verbürge dich auch nicht mit deinem Kopf für etwas, denn du kannst ja nicht einmal ein einziges deiner Haare weiß oder schwarz wachsen lassen. ³⁷Sage einfach ‚Ja' oder ‚Nein'. Alle anderen Beteuerungen zeigen nur, daß du dich vom Bösen bestimmen läßt."

• Wie begegnet Jesus in den Versen 31.32 den vorherrschenden Meinungen zu Fragen der Ehescheidung? (Einige Rabbiner erlaubten Ehescheidung bereits aus den geringsten Anlässen.)

• Warum betont Jesus, daß eine legale Scheidung nicht unbedingt in seinen Augen legitim ist? Waren Sie bereits schon einmal mit dem Problem der Ehescheidung konfrontiert? Welche Haltung verlangt Jesus in diesem Punkt von uns? (Vgl. Sie den Abschnitt am Ende des Kapitels: „Scheidung – ein schwieriges Thema". Achten Sie aber darauf, daß Sie im Gruppengespräch nicht an dieser Frage „hängenbleiben"!)

• Worum geht es im Kern bei der Frage nach dem Schwören (V. 33-37, besonders Anmerkung zu V. 34)? Warum ist es so wichtig, Versprechen einzulösen? Welche „Note" würden Sie im Fach „Glaubwürdige Versprechen" bekommen? – Gott gegenüber, Ihrer Familie gegenüber, sich selbst gegenüber?

• Fordert Jesus mehr oder weniger als die Pharisäer?

Austausch und Gebet
(15 – 30 Minuten)

• Wie würden Sie Ihre augenblickliche Beziehung zu Gott umschreiben? – Wie in den Flitterwochen. – Der tägliche Kleinkram frißt uns auf. – Wir sind auf dem Boden der Tatsachen zurück. – Wir verlieben uns dauernd neu ineinander.

• Gibt es ein Anliegen, in dem Sie sich die Unterstützung und Fürbitte der anderen aus dieser Gruppe wünschen?

Erläuterungen

5,27.28. Du sollst nicht die Ehe brechen! Das alttestamentliche Gesetz verbietet nicht nur den Ehebruch, sondern in gleicher Weise Unzucht, Inzest, Sodomie, Homosexualität und Vergewaltigung. Das Verbot des Ehebruchs in den Zehn Geboten faßt diese Verbote unrechtmäßiger sexueller Handlungen zusammen.

Mit begehrlichen Blicken. So wie Zorn die Wurzel des Mordes sein kann (5,21.22), so ist Lust die Wurzel des Ehebruchs. Jesus wendet sich hier nicht gegen die natürliche sexuelle Anziehung, sondern dagegen, daß man Gedanken über unrechtmäßige Beziehungen Raum gibt.

Frau. Es ist hier an die verheiratete Frau gedacht. Das hier benutzte griechische Wort wurde im allgemeinen in dieser Bedeutung gebraucht.

5,29.30. Bei dieser Aussage nutzt Jesus das stilistische Mittel der Übertreibung, um klar zu machen, wie ernst ihm dieser Punkt ist. In der ersten Hälfte des 3. Jahrhunderts nahm Origenes, ein bekannter Theologe, die Aussage wörtlich und machte sich selbst zum Eunuchen. Die Synode von Nicäa (325 n.Chr.) forderte, solche Handlungen zu unterlassen. Man verstand, daß Jesus hier eine bildliche Sprache benutzte, um klarzumachen, daß es um einen konsequenten Lebensstil geht, um der Sünde entgegenzutreten.

Dein rechtes Auge. Wenn die Begierde beim Anblick einer bestimmten Person entsteht, so sollte man konsequent diesen Anblick vermeiden. Das Problem ist nicht die andere Person, sondern die eigene Lust.

Deine rechte Hand. In gleicher Weise sollte man einer Berührung aus dem Weg gehen, wenn sie zur Versuchung werden kann. Jesu Anweisungen sind Teil seiner Aufforderung, das alte Leben bewußt zurückzulassen und sich für ein Leben unter der Herrschaft Gottes zu entscheiden. Das bedeutet, sich von Dingen oder Wegen fernzuhalten, die zur Sünde führen.

5,31.32. Die dritte Antithese Jesu hat die Ehescheidung zum Thema. Das ist nach der Behandlung von Ehebruch und Begierde folgerichtig.

5,31. Im Judentum des 1. Jahrhunderts war die Ehescheidung auf der Grundlage von 5Mo 24, 1-4 geregelt. Teile dieses Textes werden hier auch zitiert. Dort wird verboten, daß ein Mann die Frau erneut heiraten kann, die er entlassen hat. Es wird dort vorausgesetzt, daß der Mann das Recht hat, die Ehe zu scheiden, und die Frau das Recht hat, sich wieder zu verheiraten. Im AT werden aber nirgends Voraussetzungen für die Ehescheidung angegeben. Im 1. Jahrhundert war dies Gegenstand von Auseinandersetzungen. Man stritt sich über die Frage, auf welcher Grundlage ein Mann die Ehe auflösen konnte. Dieses Recht stand nur dem Ehemann zu. In bestimmten Fällen konnte aber auch die Frau die Scheidung einfordern. Die strengeren Rabbinen erlaubten die Scheidung nur bei Ehebruch; die liberaleren akzeptierten sie aufgrund einer Menge unterschiedlicher Gründe. So war ein verdorbenes Abendessen oder schlicht die nachlassende Attraktivität für manche Grund genug. Nach Jesu Worten verfehlte der Streit um die Gründe für eine Scheidung völlig, worum es eigentlich ging. Man suchte nur nach einer Rechtfertigung für die gewünschte Scheidung, statt nach der Bedeutung und dem Ziel der Ehe zu fragen.

Scheidungsurkunde. Die ursprüngliche Absicht dieser Urkunde war es, die Frau vor Willkür und Launen ihres Ehemannes zu schützen. 5Mo 24, 1-4 verpflichtet den Mann zu diesem Schreiben, das die Scheidung attestiert und damit der Frau das Recht gibt, einen anderen Mann zu heiraten, ohne des Ehebruchs beschuldigt werden zu können.

5,32. In diesem Vers macht Jesus zum dritten Mal klar, welche ursprüngliche Intention dem göttlichen Gebot zugrunde lag. Zorn ist die Wurzel und eine Form von Mord (5,21-26), Begierde eine Form von Ehebruch (5,27-30) und genauso auch die Scheidungspraxis und die Wiederheirat.
In allen drei Bereichen (Mord, Ehebruch, Scheidung) muß man fragen: Wer kann solch hohe Anforderungen erfüllen? Die Jünger erkennen dies in Mt 19,10, als Jesus seine Aussagen über die Scheidung wiederholt. Sie reagieren höchst erstaunt: „Wenn es so um die Ehe steht, dann ist es am besten, gar nicht zu heiraten!" Jesus führt in der Bergpredigt deutlich vor Augen, was Ideal, Ziel und Maßstab im Reich Gottes ist. Er beschreibt, was sein sollte. Es soll keine Wiederheirat nach einer Scheidung geben. Eigentlich

soll es gar keine Scheidung mehr geben (Mt 19,3-8). Tatsächlich gibt es aber noch Scheidungen, genauso wie es Zorn und Begierde gibt. Wir sollen perfekt sein (Mt 5,48), aber keiner von uns ist es. Deshalb müssen wir auch täglich um Vergebung bitten (Mt 6,12). Es ist wichtig, die Worte Jesu zu Scheidung und Wiederheirat im Zusammenhang der ganzen Bergpredigt zu verstehen. Jesus stellt ein vollkommenes Leben vor Augen, nach dem es zu streben gilt, obwohl die Schuldhaftigkeit des Menschen dies immer wieder vereitelt.

Betrogen. (wörtl. *ausgenommen bei Unzucht*) Der zugrundeliegende griechische Ausdruck steht für eine Vielzahl von Fehlverhalten auf sexuellem Gebiet. Er umfaßt jede Art von sexuellem Verkehr, der dem Gesetz zuwiderläuft. Auch hier ist wieder die Frage, was eigentlich im Blick ist. Die Formulierung kann z.B. auch die verbotene Heirat mit nahen Blutsverwandten meinen. Das römische Recht verbot solche Ehen nicht; auch in der griechischen Welt des 1. Jahrhunderts waren sie an der Tagesordnung. Im AT werden sie eindeutig verboten. Die Formulierung kann auch ehebrecherische Beziehungen bezeichnen. Jesus nennt hier eine Ausnahme der Regel, daß jede Scheidung eigentlich ehebrecherisch ist.

Treibt er sie zum Ehebruch. Im traditionellen Judentum wurde der Mann nicht des Ehebruchs beschuldigt. Er konnte höchstens in eine fremde Ehe einbrechen, während nach antikem Verständnis nur die Frau die eigene Ehe brach. Der Mann konnte ein zweites Mal heiraten, ob er nun geschieden war oder nicht. Die Mehrehe war möglich, auch wenn sie im 1. Jahrhundert nur sehr selten vorkam. Außerdem konnte er Nebenfrauen haben. Eine Frau aber, die zu irgendeinem anderen Mann sexuelle Beziehungen hatte, war des Ehebruchs schuldig. Jesus macht hier den Mann als Ehebrecher verantwortlich, falls die Frau, von der er sich getrennt hat, erneut heiratet. Jesu Aussage ist strenger als die Regelungen seiner Zeit und strenger als 5Mo 24,1-4 (wo der Frau die Wiederheirat erlaubt ist). Wie in den Versen 22 und 28 verschärft Jesus auch hier das Alte Testament.

5,33-37. Bei der vierten Antithese geht es darum, Wort zu halten.

5,33. Keinen Meineid schwören. Jesus zitiert hier nicht eine bestimmte alttestamentliche Aussage, sondern faßt verschiedene zusammen (vgl. 2Mo 20,7; 3Mo 19,12; 4Mo 30,2; 5Mo 23,21-23).

5,34. Schwört überhaupt nicht. Jesus geht über das Alte Testament hinaus. Er spricht über das Problem, daß ein Mensch erst dadurch vertrauenswürdig wird, daß er zu einer Schwurformel greift. Er zählt einige Dinge auf, bei denen Menschen üblicherweise schworen. Jesus verlangt, daß schon das bloße Wort seiner Jünger ausreiche, um die Vertrauenswürdigkeit ihrer Aussage zu gewährleisten. Es geht nicht um eine Ablehnung des Schwures an sich. Als der Hohepriester von Jesus einen Eid verlangt (Mt 26,62-64), verwehrt er sich nicht dagegen. Es geht um die charakterliche Eindeutigkeit, der andere vertrauen können, ohne daß es eines Schwures bedarf.

Scheidung – ein schwieriges Thema

Jesu Haltung zur Ehescheidung (5,31.32) muß aus dem Zusammenhang der gesamten Bergpredigt verstanden werden. Idealerweise sollte es überhaupt keine Scheidung mehr geben. Von den Aussagen in Mt 19 und Mk 10 aus betrachtet widersprechen Scheidung und Wiederheirat der Absicht Gottes mit der Ehe. Ihr Vorhandensein (wie das Vorhandensein von Zorn, Gier und Neid) zeugt von einem Mangel an Lauterkeit des Herzens. Jesu Worte entlarven die Gerechtigkeit der Pharisäer erneut als höchst oberflächlich. Daß unter ihnen Scheidung und Wiederheirat vorkamen, verdeutlichte ihr Versagen, im Geiste des Gebotes Gottes ihr Leben zu führen.

Es ist hier wichtig, zu bemerken, daß zwar die Frau als Ehebrecherin bezeichnet wird, die eigentliche Schuld dafür aber dem Mann gegeben wird, der sie entlassen hat. In der damaligen Kultur hatte die geschiedene Frau kaum eine andere Möglichkeit, ihr Überleben sicherzustellen, als erneut zu heiraten. Für diese gesellschaftliche Gegebenheit verurteilt Jesus die Frau nicht. Er macht aber deutlich, daß die beteiligten Männer durch ihre „gesetzestreue" Handhabung von Heirat und Scheidung ihr unmoralisches Verhalten nur bemänteln.

Für die Juden der Zeit Jesu waren Scheidung und Wiederheirat gesellschaftlich völlig anerkannt. Keines von beidem wurde gar als Sünde betrachtet. Zumindest für Männer waren Scheidung und Wiederheirat in keiner Weise ein Makel. Jesu Aussagen versetzen diese Haltung – für die Männer völlig überraschend und ungewohnt – plötzlich in den Bereich des moralisch Bösen, der Sünde. Während sie davon überzeugt waren, daß ihr Verhalten ganz und gar legal sei, macht Jesus deutlich, daß dem nicht so ist. Ihr Verhalten offenbarte einen gewaltigen Mangel an Liebe, die Gott bei wahrhaft gerechten Menschen erwartet.

Jesu Absicht, die die ganze Bergpredigt durchzieht, ist es, den Menschen ihre absolute Abhängigkeit von der Gnade Gottes zu zeigen. Er propagiert nicht irgendwelche Vorschriften, die Fehlverhalten in verschiedenen Lebensbereichen beheben, sondern er führt seinen Jüngern ein Fehlverhalten vor Augen, das den tiefen, innerlichen Mangel an Gerechtigkeit offenbart.

Nach dieser Gerechtigkeit zu streben ist die Forderung der Bergpredigt. Dieses Streben wird aber nur zum Erfolg führen, wenn wir uns bewußt machen, daß wir auf Gottes Hilfe angewiesen sind.

Wie damals seine Hörer, so sind auch heute die Leser der Worte Jesu in der einen oder anderen Weise betroffen von Zorn, Haß, Unversöhnlichkeit, Begierde, Scheidung, Unwahrhaftigkeit, Geiz usw. Jesus macht damit deutlich, daß dies Symptome unserer Trennung von Gott sind und wir die Gnade Gottes brauchen. Diese Symptome machen klar, daß wir nicht aus uns heraus vor Gott gerecht werden können. Mögen wir unsere Haltungen und Taten auch noch so spitzfindig zu rechtfertigen versuchen.

Zeit für einen kleinen Checkup

Die 7 häufigsten Kinderkrankheiten bei Kleingruppen und wie man sie überwindet.

Zeit für einen kleinen Checkup

Macht es Sie ein wenig nervös, in einer Kleingruppe zu sein?

SYMPTOME: Zittern Ihnen die Hände, wenn von Kleingruppen auch nur gesprochen wird. Wird Ihr Mund plötzlich trocken, wenn Sie an die Reihe kommen, etwas zu sagen oder etwa laut zu beten?

THERAPIE: Beantworten Sie die folgenden Fragen, um herauszufinden, ob eine Kleingruppe für Sie im Moment das Richtige ist. Wenn Sie mindestens siebenmal mit „Ja" antworten können, sollten Sie es mit einer Kleingruppe wagen.

1. Suchen Sie nach einer Möglichkeit, sich mit persönlichen Fragen auseinanderzusetzen? ❏ Ja ❏ Nein

2. Können Sie sich vorstellen, daß Gott für Ihr Leben etwas Besonderes bereithält? ❏ Ja ❏ Nein

3. Können Sie sich vorstellen, daß Sie Gottes Willen für Ihr Leben mit Hilfe der Bibel entdecken können? ❏ Ja ❏ Nein

4. Würden Sie zustimmen, daß Sie die Antwort auf alle Ihre Fragen an Ihr eigenes Leben, den Sinn des Daseins, Gott und die Welt noch nicht gefunden haben? ❏ Ja ❏ Nein

5. Gestehen Sie es anderen zu, Fragen an den Glauben, Gott und die Bibel zu haben? ❏ Ja ❏ Nein

6. Sind Sie bereit, in Ihrer Gruppe auch jemanden wie den „Verlorenen Sohn" zu akzeptieren, der vielleicht noch einen weiten Weg zurücklegen muß, bis er glauben kann? ❏ Ja ❏ Nein

7. Sind Sie bereit, vertraulich mit allem umzugehen, was in der Gruppe besprochen wird? ❏ Ja ❏ Nein

8. Sind Sie bereit, in der Gruppe Verantwortung zu übernehmen und andere durch Gespräch, Gemeinschaft, Gebet zu unterstützen? ❏ Ja ❏ Nein

9. Sind Sie bereit, an den Gruppentreffen für eine bestimmte Zeit (z.B. sechs oder zwölf Wochen) konsequent teilzunehmen? Danach können Sie als Gruppe über einen weiteren Zeitraum nachdenken. ❏ Ja ❏ Nein

10. Finden Sie es spannend, zu einer Gruppe zu gehören, die die Chance bietet, Ihr Leben positiv zu beeinflussen? ❏ Ja ❏ Nein

Zeit für einen kleinen Checkup

Sind Sie ein wenig verwirrt, was das Ziel dieser Gruppe ist?

SYMPTOME: Kommen Sie sich vor, als spielten Sie in einer Mannschaft, die noch nicht alle Regeln festgelegt hat? Oder die unterschiedliche Ziele verfolgt? Haben Sie Vorschläge, was nun wichtig wäre oder hilfreich sein könnte?

THERAPIE: Eigentlich sollten Sie sich vor Beginn der Treffen auf eine Abmachung einigen, die Ihre Ziele, Spielregeln und Erwartungen aufnimmt. Falls Sie zu Beginn der Gruppe nicht darüber gesprochen haben, sollten Sie sich nun unbedingt die Zeit nehmen, um sich auf solche gemeinsamen „Spielregeln" zu einigen.
Hier ein Vorschlag. Bitten Sie jeden, den ersten Satz zu vervollständigen. Versuchen Sie dann, die Antworten in eine Aussage zusammenzufassen, hinter der alle stehen können. Gehen Sie so alle Aussagen durch, bis Sie Ihre Gruppen-Abmachung haben.

1. Sinn und Zweck unserer Gruppe ist ...
2. Wir treffen uns ____ Mal. Danach führen wir eine gemeinsame Beurteilung der Treffen durch.
3. Wir treffen uns jeweils am _____ von ____ Uhr bis ____ Uhr.
4. Zusätzlich zu den Gesprächen über die Bibeltexte wollen wir _____
5. Wir halten uns an die folgenden Grundregeln:
   - ❏ Leiter der Treffen ist _____, oder wir wechseln uns bei der Leitung ab.
   - ❏ Gastgeber der Treffen ist _____, oder wir wechseln uns dabei ab.
   - ❏ Für Knabbereien oder Getränke sorgt _____, oder wir wechseln uns dabei ab.
   - ❏ Außerdem regeln wir _____ (z.B. Kinderbetreuung).
6. Zusätzlich zu diesen Regeln halten wir uns an folgende Grundsätze:
   - ❏ **Anwesenheit:** Wir räumen den Gruppentreffen Vorrang ein.
   - ❏ **Mitarbeit:** Wir zeigen uns alle verantwortlich für die Gruppe.
   - ❏ **Verschwiegenheit:** Was in der Gruppe gesagt wird, wird streng vertraulich behandelt.
   - ❏ **Verantwortlichkeit:** Wir sind einander verantwortlich für die Ziele und Aufgaben, auf die wir uns geeinigt haben.
   - ❏ **Unterstützung:** Wir sind bereit, uns gegenseitig zu helfen bzw. um Hilfe zu bitten, wenn es nötig ist – jederzeit.
   - ❏ _____
   - ❏ _____
   - ❏ _____

Zeit für einen kleinen Checkup

Spüren Sie eine gewisse Distanz zu den anderen?

SYMPTOME: Kommt Ihre Gruppe ähnlich schwer in Gang wie ein alter VW-Käfer an einem frostigen Morgen? Bleiben Sie regelmäßig irgendwie stecken, wenn es zum Bibelgespräch kommt? Kommen manche nie aus ihrem Schneckenhaus heraus?

THERAPIE: Nutzen Sie die angebotenen Fragen, um ins Gespräch zu kommen. Nehmen Sie die Fragen in „abgestufter Dosierung" (drei Stufen) zu sich: 1. EINSTIEG – diese Fragen helfen, miteinander warm zu werden, 2. Fragen zum BIBELGESPRÄCH – um über den Text ins Gespräch zu kommen, 3. Fragen zum AUSTAUSCH UND GEBET – sie sollen Ihnen helfen, nach dem Gespräch in Ihrer persönlichen Situation konkret zu werden.

1. Einstieg (15 – 20 Minuten)
Beginnen Sie mit kleinen Episoden aus Ihrem Leben, mit etwas, das Sie und Ihre Persönlichkeit vorstellt, oder mit Erfahrungen, die jeden betreffen. Je lebendiger es an dieser Stelle zugeht, um so offener und besser wird in der Regel der Austausch werden.

Einstieg (15 – 20 Minuten)
(Wählen Sie bitte 1 oder 2 Fragen.)
- Welche Briefe öffnen Sie zuerst: Rechnungen? Behördliche Mitteilungen? Persönliche Briefe? Liebesbriefe?
- Schicken Sie jemandem, um den Sie sich sorgen, eher eine humorvolle oder eine mitfühlende Karte?

2. Bibeltext und Gespräch (30 – 40 Minuten)
Sie lesen nun den Bibeltext und wenden sich dann den Impulsen für das Gespräch zu. Die Fragen sind so gestaltet, daß sie gleichzeitig in den Text führen und zum Nachdenken über das eigene Leben anregen. Gleichzeitig dienen sie dazu, daß sich alle beteiligen können und Sie als Gruppe zusammenwachsen. Wählen Sie die Fragen aus, die für Ihre Gruppe interessant sind. Achten Sie darauf, daß genügend Zeit bleibt für AUSTAUSCH UND GEBET.

Impulse für das Gespräch (30 – 40 Minuten)
- Von wo aus schreibt Paulus? Warum? An wen schreibt er? Lesen Sie noch einmal in der Einführung besonders die Abschnitte über Abfassungsort und Anlaß.
- Wer war in Ihrem Leben als Christ Ihr persönlicher Apostel Paulus? Wer machte Sie mit Jesus Christus bekannt und förderte Ihre Entwicklung im Glauben?

3. Austausch und Gebet (15 – 30 Minuten)
Dies ist das Herzstück der Treffen. Dieser Teil des Treffens bietet jedem die Gelegenheit, eine kleine persönliche Bestandsaufnahme vorzunehmen und darüber zu sprechen, was für jeden als nächstes „dran ist". Dieser Austausch vor dem gemeinsamen Gebet verlangt ein Stück Mut zur Offenheit.

Austausch (15 – 30 Minuten)
- Was würde Ihr Arzt wohl verschreiben, wenn Sie heute Ihr geistliches Leben gründlich durchchecken ließen?
- Wie kann diese Gesprächsgruppe dabei helfen, Ihre Ziele für Ihr Leben und Ihren Glauben zu erreichen?
- Worin wünschen Sie sich in der nächsten Woche die Unterstützung der Gruppe im Gebet?

Zeit für einen kleinen Checkup

Sind Sie manchmal eingeschüchtert durch das Bibelwissen anderer?

SYMPTOME: Finden Sie es peinlich, daß Sie wenig über den Glauben und die Bibel wissen? Wird es Ihnen flau im Magen, weil Sie Melchisedek für einen Marathonläufer aus Kenia halten?

THERAPIE: Nur nicht verzweifeln! Die meisten in Ihrer Gruppe kennen ihn vermutlich auch nicht. Und das ist auch gut so. Die Gesprächskreise sind ja gerade für „Anfänger". Deshalb gibt es die Erläuterungen zu Einzelheiten des Textes am Ende.

Die Erläuterungen enthalten:
- Definitionen wichtiger Begriffe;
- Hintergrundwissen zu politischen, sozialen oder wirtschaftlichen Zusammenhängen;
- geographische Hinweise zum Ort des Geschehens;
- kulturelle Informationen über Lebensart und -umstände, Bräuche, Feste, Traditionen und Sitten;
- archäologische Erkenntnisse über neuzeitliche Funde, die für das Textverständnis wichtig sind;
- Zusammenfassungen/Kommentare: Sie fassen verschiedene Gesichtspunkte kurz zusammen, um die Zielrichtung eines Textes herauszustellen.

Ich bete für euch
³Immer bin ich meinem Gott dankbar, wenn ich an euch denke, ⁴und das tue ich in jedem meiner Gebete mit großer Freude. ⁵Denn ihr habt euch vom ersten Tag an bis heute mit mir für das Evangelium eingesetzt. ⁶Deshalb bin ich auch ganz sicher, daß Gott sein Werk, das er bei euch durch den Glauben begonnen hat, zu Ende führen wird, bis zu dem Tag, an dem Jesus Christus wiederkommt.

Erläuterungen

1,3. Immer ... wenn ich an euch denke. Dieser Satz ist im Deutschen schwer wiederzugeben. Es ist wohl gemeint, daß Paulus während seines Gebets das Bedürfnis empfand, die Gemeinde in Philippi in sein Gebet einzuschließen. Das bedeutet, daß Paulus Gott nicht nur gelegentlich für die Gemeinde in Philippi dankte, wie es ihm gerade in den Sinn kam, sondern daß er dies regelmäßig tat

1,4. mit großer Freude. Freude ist das Hauptthema des Philipperbriefes. Das Wort „Freude" erscheint mehr als zwölfmal in diesem kurzen Brief.

Zeit für einen kleinen Checkup

Sind Sie versucht, lieber unter sich zu bleiben?

SYMPTOME: Sie haben zwei Einwände gegen die Vorstellung, die Gruppe zu vergrößern: 1. Jeder „Neue" würde die Offenheit und Nähe stören, die inzwischen unter Ihnen entstanden ist. 2. Je mehr Leute dazukommen, desto weniger Zeit bleibt für jeden einzelnen und für den Austausch.

THERAPIE: Beschäftigen Sie sich mit der Lebensweise Jesu und der ersten Christen. Was erfahren Sie über die Notwendigkeit von Nähe und über die Gefahren von Verschlossenheit? Wie reagierte Jesus, als seine Jünger mit ihm allein auf dem Berg bleiben wollten, auf dem sie eine besondere Offenbarung erfahren hatten (vgl. Mk 9,2-13)?

Therapieschritt 1: Stellen Sie während der nächsten Gebetszeit bewußt einen leeren Stuhl in die Mitte. Beten Sie dafür, daß Gott eine/n neue/n Teilnehmer/in zur Gruppe führt und der Stuhl beim nächsten Treffen besetzt ist.

Therapieschritt 2: Wenn Sie sieben oder mehr Personen in der Gruppe sind, teilen Sie sich zum Bibelgespräch in Vierergruppen auf, bei jedem Treffen in anderer Zusammensetzung. So bleibt das Gespräch lebendig, auch wenn die Gruppe größer wird.

Ablauf der Treffen bei einer Aufteilung in Vierergruppen

Einstieg	**Bibelgespräch**	**Austausch**
Große Runde	Vierergruppen	Große Runde
Einige Minuten zum Ankommen und „Warmwerden". Einteilung der Kleingruppen.	Für das Gespräch über den Bibeltext bilden Sie Vierergruppen.	Die ganze Gruppe trifft sich wieder zum Gespräch über persönliche Fragen und zum Gebet.

Zeit für einen kleinen Checkup

Finden Sie es allmählich langweilig in Ihrer Gruppe?

SYMPTOME: Sie sind schon müde, bevor das Treffen beginnt; am Ende ist es noch schlimmer. Der Austausch ist „verkopft". Einer fehlt schon zum dritten Mal hintereinander, der andere kommt ständig zu spät. Eigentlich denken Sie, daß Sie Ihre Zeit sinnvoller verbringen könnten, aber Sie trauen sich nicht, das laut auszusprechen.

THERAPIE: Vermutlich hat Ihre Gruppe eine „Midlife-Krise". Hier drei Therapieangebote:

1. Nehmen Sie als Gruppe eine „Auszeit" vom vorgesehenen Programm und sprechen Sie über Ihre Abmachungen vom Beginn. Haben Sie Ihre Ziele noch im Blick? Halten Sie sich noch an die Spielregeln? Sollten Sie vielleicht besser die eine oder andere Regel streichen oder neue aufnehmen?

2. Überprüfen Sie, ob Ihre Gruppe eine Schlagseite oder ein Defizit hat. Besteht noch ein Gleichgewicht zwischen den drei Elementen einer gesunden Gruppe? 1. Nahrung: Gespräch über Bibeltexte und Glaubensfragen. 2. Gegenseitige Unterstützung. 3. Auftrag, gemeinsame Aufgabe. Überprüfen Sie die Lage mit folgendem Test.
Wo steht Ihre Gruppe auf einer Skala von 1 bis 10? Kringeln Sie die entsprechende Zahl bitte ein.

    NAHRUNG/GESPRÄCH: Wir lernen die Bibel besser kennen. Wir geben Gott die Möglichkeit, über seine Pläne mit uns zu sprechen.
    Wir schaffen das
    MISERABEL 1 2 3 4 5 6 7 8 9 10 GROSSARTIG

    UNTERSTÜTZUNG: Wir lernen uns gegenseitig besser kennen. Wir kümmern uns umeinander und suchen miteinander nach dem besten Weg für jeden einzelnen.
    Wir schaffen das
    MISERABEL 1 2 3 4 5 6 7 8 9 10 GROSSARTIG

    AUFGABE: Wir erreichen Menschen, die mit ihren Fragen allein sind. Wir sind offen dafür, andere in die Gruppe hineinzunehmen oder unterstützen eine andere Gruppe beim Start.
    Wir schaffen das
    MISERABEL 1 2 3 4 5 6 7 8 9 10 GROSSARTIG

3. Überlegen Sie, ob es vielleicht Zeit ist, die Gruppe aufzulösen. Nehmen Sie sich Zeit für ein kleines Fest. Geben Sie jedem die Möglichkeit zu äußern, was ihm/ihr die Gruppe bedeutet und ob es richtig erscheint, sich weiter zu treffen oder lieber andere Wege zu suchen.

Zeit für einen kleinen Checkup

Können Sie es kaum erwarten, endlich etwas Konkretes zu tun?

SYMPTOME: Sie sind es müde, nur herumzusitzen und die Bibel zu lesen. Sie haben Freunde, denen es wirklich schlecht geht und die Hilfe brauchen. Gott scheint etwas zu sagen, aber es ist Ihnen nicht ganz klar, was er meint.

THERAPIE: Überlegen Sie miteinander, ob Sie sich nicht teilen und eine zweite Gruppe bilden sollten. Hier einige mögliche Schritte:

1. Sammeln Sie in der Gruppe alle Gedanken, die Ihnen zu den folgenden Sätzen in den Sinn kommen. Gehen Sie reihum, wenn es „kreuz und quer" nicht richtig „sprudeln" will. Beginnen Sie mit dem ersten Teilsatz.
   Ich mache mir Gedanken über ... (z.B. eine bestimmte Gruppe von Menschen: Alkoholkranke, alleinerziehende Mütter/Väter, Eltern von Teenagern, meine Arbeitskollegen, junge Ehepaare, kinderlose Paare ...)
   Ich wünschte, ich könnte ...
   Ich wäre bereit, ...

2. Machen Sie eine Liste von Personen (z.B. Randsiedler Ihrer Gemeinde oder völlig gemeindeferne Menschen), die Sie gerne einmal einladen würden, um eine zwanglose Möglichkeit zu haben, über Ihren Bibelkreis zu informieren und zu erzählen, was Ihnen dieser Kreis bedeutet.

3. Schreiben Sie jedem der Menschen auf Ihrer Liste eine Einladung auf Ihrem besten Briefpapier.

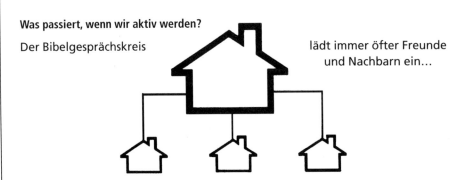

Was passiert, wenn wir aktiv werden?

Der Bibelgesprächskreis ... lädt immer öfter Freunde und Nachbarn ein...

... diese interessieren sich für die Leute und die Themen. Der Kreis wächst und muß sich teilen. Die „alten Hasen" übernehmen die Leitung und helfen den neuen Teilnehmern. Man trifft sich noch ab und zu im Gesamtkreis zu besonderen Anlässen.

6 Vergeltung durch Liebe

Auge um Auge (Mt 5,38-48)

38„Es heißt auch: ‚Wer einem anderen ein Auge ausschlägt, muß dafür mit seinem eigenen Auge büßen. Wer einem anderen einen Zahn ausschlägt, dem soll das gleiche geschehen.' 39Ich sage euch aber: Wehrt euch nicht, wenn euch Böses geschieht! Wenn man dir eine Ohrfeige gibt, dann halte die andere Wange auch noch hin! 40Wenn einer dir dein Hemd nehmen will, so gib ihm auch noch den Mantel! 41Wenn einer von dir verlangt, eine Meile mit ihm zu gehen, dann gehe zwei Meilen mit ihm! 42Gib dem, der dich um etwas bittet, und auch dem, der etwas von dir leihen will."
43„Es heißt bei euch: ‚Liebt eure Freunde und haßt eure Feinde!' 44Ich sage aber: Liebt eure Feinde und betet für alle, die euch hassen und verfolgen! 45Auf diese Weise handelt ihr nämlich als Kinder eures Vaters im Himmel. Denn er läßt seine Sonne für die Bösen wie für die Guten scheinen, und er läßt es regnen für Fromme und Gottlose. 46Wollt ihr etwa noch dafür belohnt werden, wenn ihr die liebt, die euch auch lieben? Das tun sogar die, die Gott verachten! 47Wenn ihr nur euren Freunden liebevoll begegnet, ist das etwas Besonderes? Das tun auch die, die von Gott nichts wissen. 48Ihr aber sollt so vollkommen sein wie euer Vater im Himmel."

Einstieg (15 – 20 Minuten)
(Wählen Sie bitte 1 oder 2 Fragen.)

• Wer war für Sie in Ihrer Kindheit der größte Feind? Warum?

• Haben Sie in Ihrer Kindheit Konflikte eher mit den Fäusten oder eher mit der Zunge ausgetragen?

• Wie haben Ihre Eltern Streitigkeiten zwischen ihren Kindern geschlichtet? Wie machen Sie das heute als Eltern oder sonst im Alltag?

Impulse für das Gespräch (30 – 40 Minuten)

• Jesus spricht erneut davon, wie Gott sich Gerechtigkeit vorstellt. Er beschreibt diese wieder im Unterschied zu allgemein anerkannten Werten. Welche neue Handlungsweise fordert er in den Versen 38-42? (Vgl. Sie die Anmerkungen zu V. 38.39).

• Sind diese Ermahnungen wörtlich zu nehmen? Oder handelt es sich wieder um Übertreibungen, die etwas genauer verdeutlichen sollen (wie im Fall der Hand und des Auges in den vorhergehenden Versen)? Was meint Jesus, wenn Sie die Aussagen für Übertreibungen halten? Was könnte die Folge sein, wenn Sie zum Beispiel V. 42 buchstäblich befolgen würden?

- Im V. 43 stammt nur der Satzteil „Liebt eure Freunde" aus dem Alten Testament. „Haßt eure Feinde" findet sich dort nicht, war aber damals eine gängige Lehrmeinung. Wie korrigierte Jesus dieses Mißverständnis (V. 43-48)? Gibt es eine Person, die ein Christ nicht zu lieben braucht?

- Was gehört nach diesem Abschnitt ebenfalls zur Liebe? Demut? Gebet? Handeln? Bedingungslose Zuwendung? Gottes Gnade?

- Können diese Aussagen Grundlage für Entscheidungen wie die Teilnahme am Wehrdienst oder an Gerichtsverhandlungen sein? Begründen Sie bitte Ihre Meinung kurz.

- Gibt es einen untergeordneten Bereich, in dem Sie „die andere Wange hinhalten", damit Sie Ihre Energie in einem wichtigeren Bereich einsetzen können?

- Was meint Jesus mit der Aufforderung an seine Jünger, vollkommen zu sein (vgl. die Anmerkung zu V. 48)? Wie unterscheidet sich das von „Perfektionismus"?

Austausch und Gebet
(15 – 30 Minuten)

- Wie kommen Sie mit Ihren am Anfang formulierten Zielen für die Gruppe voran?

- Wie würden Sie Ihre letzte Woche einstufen auf einer Skala von 1 (scheußlich) bis 10 (phantastisch)?

- Für welche Anliegen wünschen Sie sich die Unterstützung und das Gebet dieser Gemeinschaft?

Erläuterungen

5,38-42. Die fünfte Antithese behandelt die Frage der Rache und Vergeltung.

5,38. Mit seinem eigenen Auge büßen. (wörtl. *ein Auge für ein Auge*). Viele halten diese Forderung für das älteste Gesetz der Welt. Es findet sich sowohl im Gesetzeskodex des Hammurabi, eines babylonischen Königs (ca. 18. Jh. v.Chr.), als auch dreimal im Alten Testament (2Mo 21,23-24; 3Mo 24,20; 5Mo 19,21). Der Text gehörte ursprünglich in den Zusammenhang der Bemessung des Strafmaßes vor Gericht. Es ging dabei nicht um das Aufstellen einer Ersatzforderung, sondern um die Beschränkung der Strafe auf das Maß des angerichteten Schadens. Ohne dieses Gesetz bestand unter Stammesvölkern die Tendenz, für die Verletzung oder Schädigung als Rache den Täter und evtl. seine ganze Familie zu töten. Auch während der Entstehung Israels als eigenständiger Nation wurde dieses Gesetz nicht buchstäblich befolgt. Üblicherweise konnte anstelle der strengen körperlichen Strafe für das Vergehen eine finanzielle Entschädigung geleistet werden. So wurde dieses Gesetz auch zur Zeit Jesu von keinem jüdischen Gericht wörtlich angewandt.

5,39. Wehrt euch nicht, wenn euch Böses geschieht! Der Forderung des Gesetzes stellt Jesus den Verzicht auf Vergeltung gegenüber. In diesem Zusammenhang meint „sich nicht wehren", keine persönliche Rache an dem zu nehmen, der einem Schaden zugefügt hat. Liebe zahlt nicht mit gleicher Münze zurück (Röm 12,19-21). Jesus erduldet deshalb die Mißhandlungen der römischen Soldaten (Mt 27,27-31). Die Aussagen Jesu richten sich auch nicht gegen das Gerichtswesen, das angesichts von Verbrechen Gerechtigkeit sucht und Strafen ausspricht. Es geht darum, daß man Bosheit und Ungerechtigkeit auf der richtigen Ebene begegnet und nicht durch persönliche „Rachefeldzüge". Jesus wendet sich auch nicht gegen Maßnahmen zum eigenen Schutz und zum Schutz Dritter, die angegriffen oder bedroht werden. Er wehrt dem Wunsch nach persönlicher Rache, die den verletzen will, der verletzt hat.

Wenn man dir eine Ohrfeige gibt. Dies ist das erste von drei Beispielen, die das Prinzip, auf Vergeltung zu verzichten, verdeutlichen sollen. Das griechische Verb *rhapizo* meint *jemanden mit* *dem Handrücken ins Gesicht schlagen.* Dies war eine höchst beleidigende Handlung, die nach rabbinischem Recht doppelt bestraft wurde. Es geht hier also mehr um eine Beleidigung als um die damit verbundene Handgreiflichkeit. In dieser Weise behandelten z.B. römische Soldaten jüdische Gefangene oder Herren ihre Sklaven, um ihre übergeordnete Position zu verdeutlichen.

Die andere Wange. Statt Vergeltung zu suchen oder eine Gerichtsverhandlung anzustreben, läuft die Aussage Jesu darauf hinaus, daß man sich von der anderen Person auch noch beleidigen läßt. Das meint nicht, daß Gläubige zu schwach oder zu ängstlich seien, um sich zu verteidigen. Die Liebe verbietet ihnen aber, Rache oder Vergeltung zu praktizieren.

5,40. Das zweite Beispiel stammt aus dem Bereich des Gerichtswesens. Statt den Prozeß mit einem Gegner abzuwarten, soll man ihm geben, was er verlangt – sogar mehr als das. Der Grundgedanke hierbei ist weniger die Vermeidung eines Prozesses als vielmehr die Ermutigung zu Handlungen, die Großzügigkeit und eine liebevolle Haltung zu allen Menschen ausdrücken.

Hemd. Dies war die damalige Unterkleidung. Sie war in der Regel aus Baumwolle oder Leinen.

Mantel. Das Gesetz (2Mo 22,25.26; 5Mo 24,10-13) verbot es, den Mantel einer Person als Bezahlung für eine Schuld zu beschlagnahmen, da dieses wollene Obergewand auch als Decke bei Nacht benutzt wurde. Die Forderung Jesu an seine Nachfolger lautet hier also: Gebt mehr, als das Gesetz zu fordern erlaubt. Gebt mehr als verlangt ist.

5,41. Eine Meile. Römische Soldaten durften Zivilisten dazu zwingen, ihre Ausrüstung über die Distanz von einer Meile zu tragen. Das hier benutzte Wort ist ein Spezialausdruck für eine Zwangsverpflichtung. Die römische Meile maß 1.000 Schritte.

5,42. Dieses Beispiel bezog sich auf die Praxis von Leihen und Borgen. Ein Nachfolger Jesu soll bedürftigen Personen leihen, auch wenn er nicht erwarten kann, daß er das Geliehene zurückerhält. Wie in den anderen Versen unseres Abschnitts ist auch hier nicht an die wörtliche Anwendung in jedem Falle gedacht (V. 29.30). In solchem Fall würden alle Nachfolger Jesu schon sehr bald in völliger Armut versinken und ihrerseits auf ständige Hilfe angewiesen sein. Ziel dieses Textes ist es vielmehr, zu einer großzügigen Einstellung zu ermutigen (statt zur kleinherzigen Abschätzung des persönlichen Vorteils).

5,43-48. Die sechste und letzte Antithese behandelt den Geltungsbereich des Liebesgebotes.

5,43. Liebt eure Freunde. Jesus zitiert hier 3Mo 19,18, welches die Basis aller gemeinschaftlichen Beziehungen unter den Israeliten bildete („Räche dich nicht, und sei nicht nachtragend! Liebe deinen Mitmenschen wie dich selbst!").

Haßt eure Feinde. Dieses Gebot findet sich weder im Alten Testament noch im Talmud. Einige alttestamentliche Abschnitte fordern sogar Mitleid gegenüber den Feinden (Spr 25,21). Andererseits wurden Aussagen über das kommende Gericht Gottes über die Völker, die Israel bedrohten (vgl. 5Mo 7,1-2; 20,16-18; 23,5-6), dazu benutzt, Abneigungen gegen unliebsame Personen – besonders Nichtjuden – zu entschuldigen.

5,44. Liebt eure Feinde. Jesus weitet die Aufforderung zur Liebe auf alle Menschen aus. Dadurch macht er deutlich, daß niemand von der Liebe ausgeschlossen werden darf. Er bestimmt damit völlig neu, wer der Nächste ist (vgl. Lk 10,25-37).

Liebe. Das hier benutzt Wort lautet *agape*. Sie zeigt sich nicht darin, was jemand fühlt, sondern was er tut. Agape ist die wohlwollende Handlung, die um des anderen willen getan wird, ohne eine besondere Reaktion oder Belohnung zu erwarten.

Betet. Ein Ausdruck dieser Liebe ist das Gebet für die, die uns feindlich gesinnt sind.

5,45. Diese Haltung zeigt, daß ein Mensch Kind Gottes ist, denn Gott behandelt alle Menschen mit derselben Sorgsamkeit, gleichgültig, ob sie ihn anerkennen oder nicht.

5,46. Die Gott verachten. (wörtl. *Zöllner*). Die Zöllner vermehrten ihren Reichtum, indem sie überhöhte Steuern kassierten (nur die Zöllner kannten die tatsächliche Höhe der römischen Forderungen) und den Überschuß für sich behielten. Der Zöllner wurde deshalb als Volksverräter betrachtet, der sich zudem durch den Kontakt mit Heiden verunreinigte.

5,48. Vollkommen sein. Das hier benutzte griechische Wort ist *teleios*: das Ende/Ziel erreicht haben. Es ist etwas dann vollkommen, wenn es das Ziel erreicht, wozu es gemacht ist. Auch Menschen können vollkommen sein, wenn sie tun, wozu sie geschaffen sind. Im Schöpfungsbericht wird das Ziel für den Menschen folgendermaßen angegeben: „Gott sagte: Jetzt wollen wir den Menschen machen, unser Ebenbild, das uns ähnlich ist" (1Mo 1,26). Der Mensch ist nach diesen Worten vollkommen, wenn er so lebt, wie Gott es möchte, und er damit zeigt, daß er ein Ebenbild Gottes ist. In unserem Text möchte Gott, daß wir Liebe praktizieren. Sie ist das Ziel, dem Gottes Kinder zustreben. Dieses Ziel können sie niemals völlig erreichen. Sie werden nie lieben, wie Gott liebt. Dennoch bleibt es das Ziel, das sie zu erreichen suchen.

Seine Feinde lieben

Für Menschen, die unterdrückt werden, gibt es wohl kein beschwerlicheres Wort in der Bibel als das Gebot Jesu, die Feinde zu lieben. Auf den ersten Blick scheint diese Forderung hart und unangebracht. Unterdrückte sehnen sich nach Befreiung aus der Gewalt ihrer Feinde, sehnen sich nach der Wiedergutmachung erlittenen Unrechts und (wenn sie es ehrlich zugeben) manchmal nach der Genugtuung, ihre Feinde so gedemütigt zu sehen, wie sie selbst gedemütigt wurden.

Wer aber versucht, nach Jesu Worten zu leben, erfährt, welche Wahrheit und Kraft in ihnen liegt. Martin Luther King war solch ein Mensch, der mit viel Mut seine Feinde geliebt hat. Dieser berühmte Bürgerrechtler verstand, wie schwierig diese vergebende Liebe ist. Er verstand aber auch, daß ein Handeln ohne Liebe katastrophale Auswirkungen haben kann: „Wer Haß mit Haß beantwortet, erzeugt noch mehr Haß. Er vergrößert nur die Dunkelheit in einer Nacht, die bereits ohne Sterne ist ..."

Er war der Ansicht, daß Haß sowohl den Hassenden als auch den Gehaßten, den Feind und das Opfer, verletzt. Der Feind ist mehr als die böse Tat, die er begeht. „Selbst am bösesten Feind ist noch etwas Gutes zu finden", schrieb King. Aber der Haß verzerrt und zerstört das Wesen dessen, der haßt.

Als Jesus sagte: „Liebt eure Feinde", wußten die damaligen Zuhörer, daß er aus Erfahrung sprach. Jesus wußte, was Verachtung und Ablehnung bedeuteten. Wo auch immer er hinkam, sah er sich Kritik, Spott und heimtückischen Fragen ausgesetzt. Man versuchte, seiner habhaft zu werden, indem man ihn der Gotteslästerung bezichtigte (Lk 5,21), der Mißachtung der Fastenregeln oder des Sabbatgebotes (Lk 5,33; 6,2.11).

Seine Hörer wollten ihm aus seinen Worten einen Strick drehen. Aber noch kurz vor seinem Tod betete er für seine Feinde: „Vater, vergib ihnen, denn sie wissen nicht, was sie tun!" (Lk 23,34).

7 Hilfe im Verborgenen

Wertloser Gottesdienst (Mt 6,1-4)

¹„Hütet euch davor, nur deshalb Gutes zu tun, damit die Leute euch bewundern. So könnt ihr von eurem Vater im Himmel keinen Lohn mehr erwarten.
²Wenn du einem Armen etwas gibst, mach kein großes Gerede davon, wie es die Heuchler tun. Sie reden davon in allen Gottesdiensten und an jeder Straßenecke. Sie wollen wegen ihrer Wohltätigkeit von allen gelobt werden. Das sage ich euch: Diese Leute haben ihren Lohn schon selbst einkassiert. ³Wenn du aber jemandem hilfst, dann soll deine linke Hand nicht wissen, was deine rechte tut; niemand soll davon erfahren. ⁴Dein Vater, der alles sieht, wird dich dafür belohnen."

Einstieg (15 – 20 Minuten)
(Wählen Sie bitte 1 oder 2 Fragen.)

● Wurde bei Ihnen zu Hause offen über Religion gesprochen oder war es eher Privatsache?

● Haben Sie je eine Auszeichnung oder einen Pokal gewonnen? Wo befindet sich dieser jetzt?

● Was geht in Ihnen vor, wenn Ihnen jemand mit einer Sammelbüchse begegnet?

Impulse für das Gespräch (30 – 40 Minuten)

● Die Bergpredigt wendet sich nun speziellen Gebieten des religiösen Lebens zu. Jesus verlangt auch hier von seinen Jüngern eine bessere Gerechtigkeit als die der Pharisäer (Mt 5,20). Wovor warnt Jesus zu Beginn dieses Abschnittes (V. 1)?

● Wie lösen Sie die Spannung zwischen Vers 1 und der Forderung Jesu in 5,16 („Genauso soll euer Licht vor allen Menschen leuchten. An euren Taten sollen sie euren Vater im Himmel erkennen und ihn auch ehren")?

● Wie sieht nach diesen Aussagen Jesu richtiges Geben und wie falsches aus?

● Wie könnte es heute aussehen, wenn man sich beim Geben selbst in den Vordergrund stellt?

- Was meint Jesus mit der Aussage: „Wenn du aber jemandem hilfst, dann soll deine linke Hand nicht wissen, was deine rechte tut" (V. 3)? Verbietet diese Aussage, daß man über seine Spenden und regelmäßigen Gaben nachdenkt (vgl. Anmerkung zu V. 3)? Begründen Sie bitte kurz Ihre Meinung.

- Welcher Lohn erwartet die Heuchler (V. 2)? Welcher Lohn erwartet den, der ohne Aufsehen gibt (V. 4)? Versuchen Sie, Gerechtigkeit durch verborgene, gute Taten zu verdienen oder empfangen Sie diese als Gabe, weil Sie Ihre Armut und Abhängigkeit von Gott erkannt haben?

- Was ist die besondere Herausforderung dieses Textes für Sie – mehr zu geben? In anderer Weise oder aus anderen Gründen zu geben? Neue Möglichkeiten zu finden, bedürftigen Menschen zu helfen? Oder …?

- Wie gingen Sie in den letzten Wochen mit den Herausforderungen der Bergpredigt um? Ich höre mir das an. – Es wird mir schon ein wenig langweilig. – Sie haben mich bereits verändert. – Ich bin eigentlich ganz zufrieden mit mir.

Austausch und Gebet
(15 – 30 Minuten)

- Wie haben Sie sich bisher in die Gruppe eingebracht – was haben Sie davon profitiert? Was tut Ihnen besser?

- Haben Sie in Ihrer Beziehung zu Gott augenblicklich eher den Eindruck, daß Sie mehr geben oder mehr empfangen?

- Wo könnten Sie sich in der kommenden Zeit in der Gruppe gegenseitig helfen oder füreinander beten?

Erläuterungen

6,1-18. Bereits in den Versen 5,21-48 hatte Jesus die Gerechtigkeit der Pharisäer und die seiner Jünger einander gegenübergestellt. Es ging dabei eher um die Grundhaltungen hinter den konkreten Taten. Hier stellt er die Verbindung zwischen der besseren Gerechtigkeit und den drei typischen Äußerungen jüdischer Frömmigkeit her: Almosen geben (6,1-4), Gebet (6,5-15) und Fasten (6,16-18). In jedem Fall zeigt Jesus zuerst, wie man falsch mit diesen Taten umgeht, bevor er die richtige Handlungsweise darstellt.

6,1. Jesus macht zuerst ganz allgemein klar, wie man nicht handeln soll. Man soll aus der Hingabe an Gott kein öffentliches Schauspiel machen.

Gutes tun. Jesus benutzt hier den gleichen Ausdruck wie in 5,20. Er legt nun den Schwerpunkt auf die Taten, die allgemein mit moralischer Unanfechtbarkeit und Gerechtigkeit verbunden wurden. In allen religiösen Bewegungen zur Zeit Jesu wurden trotz der Unterschiede in Lehre und Frömmigkeit die drei Grundäußerungen der Gerechtigkeit, von denen die Verse 1-18 sprechen, ausgeübt. Daß, die Jünger Jesu zugleich für Gott leben wollten und nicht wie üblich fasteten, war unvorstellbar und ein Anlaß für Kritik (Mk 2,18ff).

Damit die Leute euch bewundern. Auf den ersten Blick scheint diese Aussage den Worten Jesu in 5,16 zu widersprechen. Beide Male geht es um gute Taten und darum, daß die Leute diese sehen. Aber einmal gebietet Jesus solches Handeln und hier verbietet er es. Der scheinbare Widerspruch löst sich, wenn man bedenkt, daß Jesus jedesmal vor einer Sünde warnt. Gegenüber der menschlichen Feigheit betont Jesus die Öffentlichkeit des Glaubens und gegenüber der Eitelkeit betont er die Verborgenheit des Glaubens. „Unsere Werke soll man sehen, damit unser Licht scheint; unsere Hingabe soll verborgen geschehen, damit wir nicht mit ihr angeben" (Stott).

Lohn. Der Lohn vom Vater im Himmel ist die ganze Herrlichkeit in seinem Reich (5,3). Dieser Lohn wird nicht durch fromme, verborgen getane Taten verdient, sondern denen geschenkt, die ihre Armut Gott gegenüber erkannt haben und entsprechend leben. Wer noch versucht, Gott und andere Menschen durch große Taten zu beeindrucken, zeigt damit, daß er seinen völligen Bankrott vor Gott noch gar nicht erkannt hat. Gott knüpft an solches Verhalten keine Verheißungen. Dagegen sind rechtes Almosengeben, Gebet und Fasten die dankbare, von Herzen kommende Antwort auf Gottes Gnade und Barmherzigkeit. Ihr gilt die Zusage, zu Gottes Reich zu gehören.

6,2-4. Eine der wichtigsten religiösen Pflichten im 1. Jahrhundert war das Almosengeben zur Unterstützung der Armen. Mit verschiedenen Bildern macht Jesus deutlich, daß dies nicht aus dem Wunsch geschehen darf, sich vor anderen oder vor sich selbst damit zu brüsten. Aus einer Tat der Hingabe an Gott wird sonst eine egoistische Handlung.

6,2. Großes Gerede (wörtl. *vor sich her posaunen lassen*). Bei bestimmten Festen riefen Posaunen das Volk zusammen. In Zeiten der Hungersnot machte man mit Posaunen den Armen kenntlich, wo Lebensmittelspenden der Wohlhabenden verteilt wurden. Posaunenschall im Zusammenhang mit Almosen war in der Regel jedoch nicht üblich. Jesus benutzt hier dieses Bild, um die Prahlerei mancher Leute beim Almosengeben zu verdeutlichen. Solchen Menschen ging es nicht darum, Gott zu ehren oder den Armen zu helfen. Sie wollten von anderen gesehen werden, wie sie ihren religiösen Pflichten nachkamen.

Heuchler. Dies ist ein Lieblingsausdruck des Matthäus. Er benutzt ihn 13 mal: 7,5; 15,7-9; 22,18; 23,14-29. Das Wort hat die ursprüngliche Bedeutung „Schauspieler", der eine bestimmte Rolle spielt. „Auch an dieser Stelle liegt der Sinn des Schauspielers nahe: Aus einer Handlung, die ins Verborgene gehört, wird eine öffentliche Schaustellung gemacht, bei der die Schauspieler auf den Beifall der Zuschauer aus sind. Hier wird der schauspielerische Mensch zum Heuchler; er sucht unter der Maske des Wohltäters seine eigene Ehre und den Beifall der Leute" (Grundmann).

Lohn schon selbst einkassiert. Das Gefühl der Selbstzufriedenheit, Selbstgerechtigkeit und zeitlichen Anerkennung durch andere ist der einzige Lohn, den sie erhalten. Die ewige Anerkennung Gottes bekommen sie nicht.

6,3. Dann soll deine linke Hand nicht wissen, was deine rechte tut. Mit diesem überraschenden Bild macht Jesus deutlich, daß das Geben nur eine Angelegenheit zwischen dem Gebenden und Gott sein soll. Es geht nicht darum, ob man öffentlich oder im Verborgenen gibt, sondern daß die Haltung stimmt. Es geht hier auch nicht darum, daß Gaben spontan, unregelmäßig und nicht nachvollziehbar sein müßten (eine verantwortungsvolle finanzielle Planung wäre dann unmöglich). Abgelehnt wird aber die Absicht, durch das Geben anderen (V. 2) und sich selbst (V. 3.4) zu beweisen, wie gerecht man sei. Der Bericht über die arme Witwe (Lk 21,1-4) zeigt, wie jemand ohne einen Gedanken an Ansehen oder himmlische Belohnung alles aus Liebe und Dankbarkeit gibt.

6,4. Dein Vater, der alles sieht (wörtl. *der im Verborgenen sieht*).
„Mit diesem Satz greift Jesus ein Wort der Weisheitsdichtung auf, das davon spricht, daß Gott alle Menschenwege sieht und in den verborgensten Winkel blickt. Was so verborgen geschieht, empfängt Gottes belohnende Antwort" (Grundmann).

Über den Lohn

Heutzutage spricht kaum jemand über himmlischen Lohn, zumindest nicht in der westlichen Welt. Den einen verbietet es der Stolz, zuzugeben, daß man mehr braucht oder ersehnt, als man bereits hat. Die anderen hält ein falsches Verständnis der Demut ab, über den Lohn nachzudenken, den Gott geben will.

Vielleicht liegt die Ursache in der mangelnden Unterscheidung zwischen Lohn und Verdienst. Natürlich kann sich niemand das Wohlwollen Gottes durch gute Werke verdienen. Die Errettung ist ein „Geschenk Gottes" und nicht ein „eigenes Werk" (Eph 2,8.9). Die guten Werke des Christen sind ein Dank dafür, was Gott bereits durch Jesus Christus getan hat, und nicht Bezahlung für eine Eintrittskarte in den Himmel. Darüber hinaus drückt Gott seine freudige Anerkennung durch liebevolle Gaben aus. In der ganzen Bibel sagt Gott immer wieder zu, daß er den, der ihm treu vertraut, belohnen oder segnen wird.

C.S. Lewis verdeutlicht die richtige Einstellung im Blick auf den von Gott zugesagten Lohn in seinem Essay „Das Gewicht der Herrlichkeit":

„Wenn wir die geradezu schamlosen Verheißungen auf Belohnung und die phantastischen Belohnungen, die in den Evangelien verheißen werden, betrachten, scheint es, als müßten unsere Wünsche dem Herrn eher zu schwach als zu groß vorkommen. Wir sind halbherzige Geschöpfe, die sich mit Alkohol, Sex und Karriere zufriedengeben, wo uns unendliche Freude angeboten wird – wie ein unwissendes Kind, das weiter im Elendsviertel seinen Schlammkuchen backen will, weil es sich nicht vorstellen kann, was eine Einladung zu Ferien an der See bedeutet. Wir geben uns viel zu schnell zufrieden."

8 Wie man beten soll

Vom rechten Beten und Fasten (Mt 6,5-18)

⁵„Betet nicht wie die Heuchler! Sie bleiben gern in den Synagogen und an den Straßenecken stehen, um zu beten. Jeder soll es sehen. Ich sage euch: Sie haben von Gott nichts zu erwarten. ⁶Wenn du beten willst, gehe in dein Zimmer, schließe die Tür hinter dir zu und bete zu deinem Vater. Und dein Vater, der selbst deine geheimsten Gedanken kennt, wird dich erhören. ⁷ᐟ⁸Leiere deine Gebete nicht herunter wie Leute, die Gott nicht kennen. Sie meinen, Gott würde schon antworten, wenn sie nur viele Worte machen. Nein, euer

Einstieg (15 – 20 Minuten)
(Wählen Sie bitte 1 oder 2 Fragen.)

● Wieviele Tage halten Sie es ohne Schokolade aus?

● Haben Sie als Kind ein Gebet auswendig gelernt? Welches?

● Gibt es jemanden, der für Sie durch sein tägliches Gebet ein Vorbild ist?

Impulse für das Gespräch (30 – 40 Minuten)

● Jesus wendet sich nun dem Gebet zu. Dies gehört auch zu seiner Beschreibung der Gerechtigkeit, die jene der Pharisäer übersteigt. Vor wessen Gebetshaltung warnt er (V. 5-8)?

● Was war so falsch an den Gebeten der „Heuchler" in den V. 5-15? Was tadelt Jesus an den Gebeten derer, die Gott nicht kennen (Anmerkung zu V. 7)?

● Wie sieht die richtige Art zu beten aus (V. 6)? Verbietet Jesus öffentliches, lautes Gebet (vgl. Anmerkungen zu V. 6)?

● Wenn Gott „selbst deine geheimsten Gedanken kennt" (V. 8), warum ist es dann überhaupt noch wichtig, zu beten (vgl. Anmerkungen zu V. 8)?

Vater weiß genau, was ihr braucht, noch ehe ihr ihn um etwas bittet. [9]Ihr sollt deshalb so beten:
‚Unser Vater im Himmel! Dein heiliger Name soll geehrt werden. [10]Richte bald deine Herrschaft bei uns auf. Laß deinen Willen hier auf der Erde geschehen, wie er im Himmel geschieht. [11]Gib uns auch heute wieder, was wir zum Leben brauchen. [12]Vergib uns unsere Schuld, wie wir denen vergeben, die uns Unrecht getan haben. [13]Bewahre uns davor, daß wir dir untreu werden, und befreie uns vom Bösen. Denn dir gehören Herrschaft, Macht und Ehre für alle Zeiten. Amen!'
[14/15]Euer Vater im Himmel wird euch vergeben, wenn ihr den Menschen vergebt, die euch Unrecht getan haben. Wenn ihr ihnen aber nicht vergeben wollt, dann wird euch Gott eure Schuld auch nicht vergeben."
[16]„Fastet nicht wie die Heuchler! Sie setzen eine wehleidige Miene auf, damit jeder merkt, was ihnen ihr Glaube wert ist. Das ist dann auch der einzige Lohn, den sie je bekommen werden. [17]Wenn du fastest, dann pflege dein Äußeres so, [18]daß keiner etwas von deinem Verzicht merkt außer deinem Vater im Himmel. Dein Vater, der jedes Geheimnis kennt, wird dich belohnen."

• Welche Bedeutung hat es wohl, daß Jesus das Vaterunser im Plural formuliert („unser, uns, wir") und nicht in der Einzahl? Um welche drei Anliegen Gottes sollen wir zuerst bitten (V. 9.10)? Welche Anliegen folgen erst danach (V. 11-13)?

• Welche Beziehung besteht zwischen Vergebung und Gebet (V.12-15. Anmerkung zu V. 12)?

• Welcher Unterschied ist zwischen dem Fasten der Pharisäer und dem Fasten, zu dem Jesus aufruft (V. 16-18)? Wie paßt diese Art zu fasten zu den sonstigen Aussagen in Kapitel 6 (Anmerkungen zu V. 16-18)?

• Welchen Stellenwert hat das Gebet in Ihrem Leben? Wie könnte es zu einem unverzichtbaren Teil Ihres Lebens werden?

Austausch und Gebet
(15 – 30 Minuten)

• Wohin würden Sie sich zurückziehen für einen Tag des Betens und Fastens? Wie würden Sie die Zeit nutzen? Was hält Sie eigentlich davon ab?

• Wenn Sie gleich jetzt beginnen würden: Was wäre Ihr dringlichstes Anliegen? Kann Sie die Gruppe dabei im Gebet unterstützen?

Erläuterungen

6,5-15. Das Gebet war die zweite religiöse Praxis, die den verschiedenen Richtungen jüdischer Frömmigkeit gemeinsam war (vgl. Anmerkung zu 6,1-18 und 6,1).

In Synagogen und an Straßenecken. Fromme Juden hatten am Tag mehrere feste Gebetszeiten. Wenn die Zeit des Gebets kam, ließen sie liegen, was immer sie gerade taten, und sprachen ihre Gebete. Jesus wendet sich nicht gegen diese Praxis an sich. Er wendet sich aber dagegen, daß es einige so einzurichten verstanden, daß sie sich gerade in der Öffentlichkeit aufhielten, wenn die Gebetszeit kam. So bekamen auch andere „ganz zufällig" mit, wie ernst sie es mit dem Glauben nahmen.

6,5. Heuchler. Vgl. die Anmerkung zu 6,2.

6,6. Gehe in dein Zimmer, schließe die Tür. Jesus spricht sich hier nicht gegen das öffentliche und laute Beten aus, das er selbst auch praktizierte. Er betont, daß Gebet nicht ein öffentliches Zur-Schau-Stellen der Frömmigkeit ist, sondern der innige, persönliche Umgang mit Gott. Eine öffentliche Gebetsgemeinschaft (die es auch bei Juden und Christen gab) ist völlig legitim, wenn es aus der rechten Haltung entspringt.

Deine geheimsten Gedanken. Vgl. Sie die Anmerkungen zu 6,4.

6,7. Leiere deine Gebete nicht herunter wie Leute, die Gott nicht kennen. So wie die augenfällige Gebetspraxis der Pharisäer abzulehnen ist, so auch das gedankenlose, monotone „Abspulen" der Gebete der Heiden. Gott muß von niemandem aufgeweckt, beeindruckt oder überzeugt werden, um die Gebete zu hören. Das Gebet der Christen zielt nicht darauf, Gott in Richtung unserer Bedürfnisse zu manipulieren. Gebet ist vielmehr eine Form der Kommunikation zwischen einem Menschen und dem liebenden und gnädigen Gott, der sich schon längst vorgenommen hat, dem Bittenden zu helfen.

6,8. Euer Vater. (wörtl. etwa *Papa*). Das aramäische Abba ist die vertraute Anrede von Kindern ihrem Vater gegenüber. Es ist dies eine auch sonst im Neuen Testament übliche Anrede, die Gottes liebevolle Beziehung zu uns beschreibt. Für Kinder des Reiches Gottes ist Gott nicht in erster Linie der Richter (der strenge Wächter, der alle Fehler bestraft), auch nicht allein der Schöpfer (der fernab vom Menschen über der Schöpfung thront), sondern er ist der Vater, bei dem wir Wärme, Nähe und Fürsorge finden und der so mit uns umgeht, wie ein Vater in einer intakten Familie. Im Zusammenhang der Bergpredigt macht dieses Bild deutlich, daß Gott uns liebevoll mit allem versorgt, was wir brauchen (5,45; 6,26.30; 7,11).

Noch ehe ihr ihn um etwas bittet. Das besagt nicht, daß Gebet überflüssig ist, sondern welch tiefes Interesse und welche Aufmerksamkeit Gott seinen Kindern entgegenbringt. Wie das Gespräch des Kindes mit seinem Vater, so dient auch das Gebet dazu, daß unsere Beziehung zu Gott wächst und wir einen Blick dafür bekommen, was er will und denkt.

6,9-15. Das Vaterunser besteht aus drei Bitten, die Gott und sein Reich betreffen, und aus drei Bitten, die das täglich Leben der Christen betreffen. Das Vaterunser kann also als eine Hilfe sein, das persönliche Gebet zu gestalten.

6,9. Unser Vater. Diese Anrede vermittelt nicht nur die Nähe zu Gott (*Abba*), sondern auch das Bewußtsein der Zusammengehörigkeit der Jünger Jesu untereinander.

Im Himmel. Dies ist keine Ortsangabe, sondern verdeutlicht die Unterscheidung zwischen irdischem und himmlischem Vater und wahrt zugleich die Distanz zwischen Gott und Mensch.

Dein heiliger Name soll geehrt werden. Der Name einer Person steht für deren Charakter und ihr Wesen. Das höchste Ziel des Christen ist es, alles zur Verherrlichung Gottes zu tun, dessen Nachfolger er ist. Darüber hinaus sehnt er sich danach, daß alle Menschen so handeln.

6,10. Richte bald deine Herrschaft bei uns auf. Dies ist die Motivation, die die Jünger Jesu antreibt. Ihre Hoffnung nährt sich von der Hoffnung, daß Gott am Ende der Zeit seine Herrschaft in der ganzen Welt sichtbar aufrichtet. Alle Menschen werden ihn dann als Herrn erkennen.

Laß deinen Willen geschehen. Gottes Herrschaft zeigt sich da, wo sein Wille getan wird. Sein Wille soll geschehen durch das Tun der Jünger.

Hier auf der Erde, wie er im Himmel geschieht. Diese Aussage bezieht sich auf alle drei Bitten: Im Himmel wird Gottes Name geehrt, seine Herrschaft ist wirksam und sein Wille geschieht. Herzenswunsch des Christen ist es, daß dies auch auf der Erde geschieht.

6,11-13. Die nächsten Bitten verdeutlichen, daß der Jünger im leiblichen, geistlichen und ethischen Bereich Gottes Hilfe braucht, um seinen Namen zu ehren, sein Reich zu fördern und seinen Willen zu tun.

6,11. Was wir zum Leben brauchen. Zuerst die Bitte um „alles, was zu des Leibes Nahrung und Notdurft gehört, wie Essen, Trinken, Kleidung, Schuhe, Haus, Hof … gut Regierung, gut Wetter, Friede, Gesundheit … gute Freunde, getreue Nachbarn und dergleichen" (Luther). Wer so betet, wird sich bewußt, wie abhängig er von der täglichen Versorgung Gottes ist.

6,12. Vergib uns. Die nächste Bitte anerkennt, daß alle Menschen Sünder sind und täglich Vergebung brauchen.

Unsere Schuld. Sünde wird als Schuld betrachtet, weil sie Schaden Gott gegenüber anrichtet, den wir niemals wiedergutmachen können.

Wie wir denen vergeben. Es geht hier nicht um einen „Kuhhandel" mit Gott oder ein billiges Schnäppchen, so als ob der Jünger durch gutes Benehmen Gott die Vergebung abringen könnte. Diese Formulierung erinnert uns daran, daß die erfahrene Vergebung für unsere große Schuld Gott gegenüber in uns auch Vergebungsbereitschaft gegenüber dem Nächsten wirken muß, der an uns schuldig geworden ist.

6,13. Bewahre uns davor, daß wir dir untreu werden. (wörtl. … *vor der Versuchung*). Das Wort Versuchung meint die Probe oder den Test. Die Bitte will nicht die Verschonung vor solchen Situationen, vor denen auch die Jünger Jesu nicht bewahrt werden. Es geht um die Kraft, in solcher Lage nicht das Falsche zu tun.

Befreie uns vom Bösen. Der Böse (der Teufel) ist die eigentliche Quelle solcher Versuchung zum Bösen.

6,16-18. Der dritte und letzte Abschnitt über religiöse Verpflichtungen handelt vom Fasten. Die Frage ist nicht, ob Nachfolger Jesu fasten sollen, sondern wie sie das tun. Wer fastet, konzentriert seine ganze Aufmerksamkeit und Energie auf Gott. Er soll damit nicht die Aufmerksamkeit anderer auf sich selbst lenken.

Fasten. Meint die Enthaltsamkeit von Speisen zwischen Sonnenaufgang und Sonnenuntergang. Das Fasten war für die Juden ein wichtiger Brauch an religiösen Festen wie dem Versöhnungstag und gehörte auch zu anderen Gelegenheiten (5Mo 9,9; 1Sam 31,13; Ps 35,13). Die Pharisäer fasteten sogar zweimal in der Woche.

Wehleidige Miene. (wörtl. *sich unansehnlich machen*). Das bezieht sich auf die Sitte, sich Asche auf das Haupt zu streuen und sich dabei auch das Gesicht zu beschmutzen oder zu verhüllen.

Der einzige Lohn, den sie je bekommen werden. Wie schon beim Geben und beim Beten (6,1.2.5) ist die Bewunderung anderer der einzige Lohn derer, die demonstrieren wollen, wie gerecht sie sind.

Pflege dein Äußeres. Die Jünger Jesu sollen nicht erkennen lassen, daß sie gerade fasten.

Vom Beten
Reinhard Slenczka

Das Beten ist nicht auf eine bestimmte Form und Haltung festgelegt. Die biblischen Beispiele und Redewendungen zeigen vielmehr, wie alles Denken, Fühlen und Reden des Herzens davon umschlossen ist und dabei erschlossen wird. Im Gebet spricht der Mensch sich vor Gott aus, und das soll er nicht nur tun, sondern das braucht er auch. Man könnte das Gebet daher durchaus als ein menschliches Grundbedürfnis und als Grundvollzug bezeichnen, der in dem besteht, was einen Menschen innerlich bewegt. So kann auch in der Bibel das Gebet, unabhängig davon, ob es laut oder leise geschieht, als „Gespräch meines Herzens vor dir" bezeichnet werden (Ps 19,15). Gebet ist also unmittelbare Gemeinschaft mit Gott, und deshalb fällt hier auch die Entscheidung über die rechte Gemeinschaft mit dem wahren Gott und die Prüfung der Aufrichtigkeit unseres Herzens in dem, was wir denken und sagen. So hängt das Gebet mit dem Bewußtseins- und Lebenszentrum des Menschen untrennbar zusammen; es ist nicht in isoliertem Sinne ein frommer Ritus, sondern an dieser Stelle zeigt sich, was der Mensch ist, wie er ist und wer oder was sein Gott ist.

9 Kapitalanlage ohne Kursverlust

Schätze im Himmel (Mt 6,19-24)

[19]„Häuft in dieser Welt keine Reichtümer an! Sie verlieren schnell ihren Wert oder werden gestohlen. [20]Sammelt euch vielmehr Schätze im Himmel, die nie ihren Wert verlieren und die kein Dieb mitnehmen kann. [21]Wo nämlich eure Schätze sind, da zieht es euch hin."
[22]„Das Auge gibt dir Licht. Wenn deine Augen klar sehen, wirst du dich überall sicher bewegen können. [23]Wenn du nun schlecht siehst, tappst du unsicher herum. Hast du aber Gott aus den Augen verloren, wie schrecklich wird dann deine Finsternis sein!"
[24]„Niemand kann gleichzeitig zwei Herren dienen. Wer dem einen richtig dienen will, wird sich um die Wünsche des andern nicht kümmern können. Genausowenig könnt ihr zur selben Zeit für Gott und das Geld leben."

Einstieg (15 – 20 Minuten)
(Wählen Sie bitte 1 oder 2 Fragen.)

- Hatten Sie als Kind einen Platz, an dem Sie ganz besondere „Schätze" aufbewahrten?

- Hatten Sie schon einmal mehr als eine Ausgabe gleichzeitig? Haben Sie überall ganzen Einsatz gezeigt?

- Was tun Sie, um Ihr Haus, Ihr Geschäft oder Ihr Auto vor Einbruch zu schützen?

Impulse für das Gespräch (30 – 40 Minuten)

- Jesus spricht in diesem Abschnitt über die Unvereinbarkeit von wahrer Gerechtigkeit und Materialismus. In 6,1-18 ging es ihm um den Unterschied zwischen irdischem und himmlischem Lohn. Um welche Unterscheidung geht es hier?

- Was ist der Unterschied zwischen Schätzen auf Erden und Schätzen im Himmel? Welche sind sicherer?

- Ist das Anhäufen von materiellen Gütern ein Fehler, der nur reichen Menschen unterläuft?

- Welche praktischen Beispiele fallen Ihnen ein, was es heißt, Schätze im Himmel zu sammeln (vgl. die Anmerkungen zu V. 20). Gibt es auch solche Beispiele aus Ihrem Leben?

- Wie stehen Sie persönlich zu der Ansicht, daß Erfolg im Leben an den Besitztümern zu messen ist, die man sich erworben hat?

- Gibt es jemanden, dessen Lebensstil Sie bewundern, weil er nicht von materiellen Werten geprägt ist?

- Machen Sie sich Sorgen um die Sicherheit Ihrer Altersversorgung?

- Wie würde Jesus wohl reagieren, wenn Sie ihm erzählten, daß Sie kein Problem darin sehen, Hingabe zu teilen: an Gott und den Reichtum (vgl. Anmerkung zu V. 24)?

- Wie gut wäre Jesus wohl als Börsenmakler, Anlageberater, als Gebrauchtwagenverkäufer oder als Moderator einer Wohltätigkeitslotterie?

- Über welche Aussage in diesem Bibeltext würden Sie mit Jesus gerne reden? Wie denkt er wohl über die Absicherung des Lebensstandards Ihrer Familie, die Vorsorge für die Kinder oder die Rente?

 ## Austausch und Gebet
(15 – 30 Minuten)

- Wie steht es Ihrer Meinung nach um den Zusammenhalt in Ihrer Gruppe?

- Wie stehen Sie (als Gruppe) zu den bisherigen Herausforderungen in der Bergpredigt?

- Würden Sie gerne ein Gebetsanliegen nennen?

Erläuterungen

6,19-34. In 6,1-18 hatte Jesus den Unterschied zwischen der wahren Gerechtigkeit und der Gesetzlichkeit der Pharisäer verdeutlicht. Nun konzentriert er sich darauf, wie der Christ im Unterschied zu den „Heiden" mit materiellen Dingen umgehen soll. Die Erkenntnis, daß „der Vater sieht, was im Verborgenen getan wird" (V.18), befreit von frommer Angeberei. Genauso wird nun durch die Erkenntnis, daß „euer Vater im Himmel ganz genau weiß, was ihr alles braucht", die ständige Besorgnis um die materiellen Bedürfnisse überflüssig. Nachfolge Jesu bedeutet, daß der Glaubende sich entscheiden muß zwischen zwei Schätzen (6,22.23), zwei Herren (6,24) und zwei Haltungen (6,25-34).

6,19-21. Während es in 6,1-18 um irdischen und himmlischen Lohn ging, geht es nun um irdische oder himmlische Schätze.

6,19. Besitz an sich ist nicht verboten. Es wird auch nicht verurteilt, für die Bedürfnisse der Familie Vorsorge zu treffen (vgl. Spr 6,6ff). Mit dem Streben nach Gottes Reich ist es aber unvereinbar, Wohlstand und Besitz anzuhäufen, in der irrigen Ansicht, diese würden dem Leben Sicherheit verleihen.

Reichtümer in dieser Welt. Gemeint sind irdische Güter, die aufgrund ihrer Beschaffenheit früher oder später Opfer von Diebstahl, Rost, Verfall oder Verlust werden.

Sie verlieren schnell ihren Wert. (wörtl. *Motten und Fraß*). Wertvolle und reich verzierte Kleidung machten den Reichtum einer Person deutlich. Von Mäusen, Motten und anderem Ungeziefer konnten solche Statussymbole aber leicht zerstört werden. In einer Zeit ohne Mottenkugeln und Panzerschränke lag eine gewisse Komik darin, daß die wunderbarsten Reichtümer, auf die mancher sein Leben baute, von solch unbedeutenden Tierchen wie Motten und Mäusen vernichtet werden konnten. Aber auch modernste Schutzmaßnahmen bewahren nicht davor, daß Inflation, Wirtschaftskrise oder ein Börsencrash unsere vermeintlichen Sicherheiten über Nacht vernichten. Alle diese Güter sind nicht von Dauer.

Schätze im Himmel. Ein solcher Schatz ist z.B., sein Leben von Christus prägen zu lassen (in den Himmel wird man nichts anderes als sich selbst mitnehmen können). Dazu gehört auch das Wachsen im Glauben, in der Hoffnung und in der Liebe – all dies hat Bestand (1Kor 13,13). Dazu gehört auch das aktives Bemühen durch Gebet und Gespräch, andere mit Christus bekannt zu machen, damit sie ebenfalls die Gemeinschaft mit Gott erfahren können, oder der Einsatz finanzieller Mittel für das Reich Gottes – dies ist „die einzige Investition, die ewige Erträge bringt" (Stott). Nachfolger Jesu sammeln solche Schätze durch ein Leben im Gehorsam.

6,21. Die eigentliche Frage ist nicht, was und wieviel jemand besitzt, sondern ob sein Herz daran hängt. Großer Reichtum ist zwar auffälliger, aber auch bei Menschen mit bescheideneren Mitteln kann sich das Leben nur darum drehen, wie sie ihren Besitz erhalten oder vermehren können. „Unser Schatz kann … klein und unscheinbar sein; die Größe ist unwesentlich. Es kommt allein auf unser Herz an … Wie können wir aber wissen, woran unser Herz hängt? Die Antwort ist … einfach: Alles, was uns hindert, Gott über alles zu lieben und Jesus gehorsam zu sein, ist solch ein Schatz, an dem unser Herz hängt" (Bonhoeffer). Was Menschen innerlich bewegt, sieht man oft daran, womit sie sich beschäftigen.

6,22.23. Im nächsten Vergleich geht es um klare (wörtl. *lautere*) Augen und schlechte (wörtl. *böse*) Augen.

Das Auge gibt dir Licht. Auge und Herz sind in der Bibel oft Bilder für die Motive, nach denen Menschen handeln (beachten Sie z.B. die Parallelformulierung in Ps 119,36.37). Gute Augen zu haben oder ein reines Herz, meint dasselbe. Das Bild vom bösen Auge bezeichnet habgierige oder geizige Menschen; das gute Auge meint Menschen, die großzügig ihren Besitz teilen. Jesus stellt hier also zwei Gruppen von Menschen einander gegenüber: diejenigen, die dem wahren Ziel (Gott zu gehorchen) nacheifern, und die, die ein Leben in Selbstsucht führen.

6,24. Es geht hier um zwei Herren oder Sklavenbesitzer. Beiden zu dienen, ist nach diesem eingängigen Wort Jesu nicht möglich.

Nicht kümmern. (wörtl. *hassen*). Hierbei ist nicht an Zorn oder ein ähnliches Gefühl gedacht, sondern an ein Zurücksetzen der Wünsche des einen Herrn hinter die des anderen.

Geld. (aramäisch *Mammon, Luxus, Reichtum*). Gott verlangt von seinem Volk „Du sollst außer mir keine anderen Götter verehren!" (2Mo 20,3). Geteilte Loyalität ist gleichbedeutend mit Götzendienst (Eph 5,5).

Die materielle Welt
James Paternoster

Materialismus ist mehr als die Neigung, sich mehr anzueignen als wir brauchen. Es ist die Neigung, uns eine Weltanschauung anzueignen, die materiellen Dingen die zentrale Stellung in unserem Leben zugesteht.
Die Werbung ist einer der wirksamsten Wege, um die Saat des Materialismus in unser Leben zu säen. Werbefachleute arbeiten mit der Annahme, daß sie in einer Welt konkurrierender Produkte ihre Ware als die Antwort auf unsere Wünsche, Bedürfnisse oder Ängste präsentieren müssen. Zugegeben, einige Spots sind klar und einleuchtend. Küchenpapier ist saugstark und Weichspüler machen die Wäsche flauschig. Aber wie steht es mit der Beziehung zwischen Zahnpasta und Liebe oder zwischen Kreditkarten und gutem Leben oder zwischen Bier und wirklicher Freundschaft?

Der Gegensatz ist klar: Beide Bereiche verlangen volle Hingabe und Anstrengung. Sie schließen einander aus. Jesus betont, daß unsere Sehnsucht nach Wärme, Liebe, Selbstvertrauen, Sinn, Hoffnung, Freude und bleibenden Werten nur gestillt wird, wenn wir uns nach Gott und seinen Anweisungen ausrichten. Vieles in unserer Gesellschaft will uns mit aller Gewalt einreden, daß unsere Sehnsucht dadurch gestillt wird, daß wir etwas besitzen, daß wir mehr besitzen und andere auch wissen, was wir besitzen. Jemand faßte es einmal so zusammen: „Ich habe mein Leben damit verbracht, Geld auszugeben, das ich eigentlich nicht hatte, um Dinge zu kaufen, die ich eigentlich nicht wollte, um damit Leute zu beeindrucken, die ich eigentlich nicht mochte."

10 Sorgt euch nicht

Gott wird für euch sorgen (Mt 6,25-34)

²⁵ „Darum sage ich euch: Sorgt euch nicht um euren Lebensunterhalt, um Essen, Trinken und Kleidung. Leben bedeutet mehr als nur Essen und Trinken, und der Mensch ist mehr als seine Kleidung. ²⁶Seht euch die Vögel an! Sie säen nichts, sie ernten nichts und sammeln auch keine Vorräte. Euer Vater im Himmel versorgt sie. Meint ihr nicht, daß er sich um euch noch viel mehr kümmert?

Einstieg (15 – 20 Minuten)
(Wählen Sie bitte 1 oder 2 Fragen.)

• Was dachten Ihre Eltern (und deren Generation) über die Kleidung, die Sie als Teenager trugen?

• Gibt es ein Sorgenkind in Ihrer Familie/Verwandtschaft?

• Wer ist der „Fels in der Brandung" in Ihrer Familie – standfest auch in schwierigster Lage?

Impulse für das Gespräch (30 – 40 Minuten)

• Gerade hatte Jesus über Schätze im Himmel und das Verhältnis zu Gott geredet. Nun spricht er über den Umgang mit materiellen Bedürfnissen. Was ist seine Hauptaussage?

• Was ist das Gegenteil von Sorge (V. 30)? Nehmen die Sorgen mit anwachsendem Besitz ab oder zu?

• Warum deuten Sorgen auf einen Mangel an Abhängigkeit von Gott? Was empfinden Sie, wenn Sie Jesu Aussagen über Gottes Sorge um die Vögel und die Blumen hören?

• Werden Gottes Kinder – um die er sich doch „noch viel mehr kümmert als um die Vögel und Blumen" – verschont vor Hunger, Not und Leid (vgl. Anmerkung zu V. 26)? Wenn uns kein sorgenfreies Leben (V. 34) versprochen wird, was genau wird uns dann eigentlich versprochen?

²⁷Und wenn ihr euch noch so viel sorgt, könnt ihr doch euer Leben auch nicht um einen Augenblick verlängern.
²⁸Weshalb macht ihr euch so viele Sorgen um eure Kleidung? Seht euch die Blumen auf den Wiesen an! Sie arbeiten nicht und kümmern sich auch nicht um ihre Kleidung. ²⁹Doch selbst König Salomo in seiner ganzen Herrlichkeit war lange nicht so prächtig gekleidet wie irgendeine dieser Blumen. ³⁰Wenn aber Gott sogar das Gras so schön wachsen läßt, das heute auf der Wiese grünt und morgen vielleicht schon verbrannt wird, meint ihr, daß er euch dann vergessen würde? Vertraut ihr Gott so wenig?
³¹Hört also auf, voller Sorgen zu denken: ‚Werden wir genug zu essen haben? Und was werden wir trinken? Was sollen wir anziehen?' ³²Wollt ihr denn leben wie die Menschen, die Gott nicht kennen und sich nur mit diesen Dingen beschäftigen? Euer Vater im Himmel weiß ganz genau, daß ihr das alles braucht. ³³Gebt nur Gott und seiner Sache den ersten Platz in eurem Leben, so wird er euch auch alles geben, was ihr nötig habt.
³⁴Deshalb habt keine Angst vor der Zukunft! Es ist doch genug, wenn jeder Tag seine eigenen Lasten hat. Gott wird auch morgen für euch sorgen."

● „Gebt nur Gott ... den ersten Platz ..." (V. 33). Was bedeutet das? Den Porsche verkaufen? Gott an erste Stelle setzen und den Porsche behalten? Oder alles zuerst mit Gott besprechen?

● „Habt keine Angst vor der Zukunft" (V. 34). Wie meint Jesus das? Ist Vorsorgen verboten?

● Andere Bibeltexte rufen dazu auf, vorauszuplanen und Vorsorge für die Familie zu treffen (Spr 6,6-8; 10,4; 2Thess 3,6-12). Wie passen solche Aufforderungen zu den Worten Jesu in der Bergpredigt?

● Was macht Ihnen augenblicklich die größten Sorgen? Was bedeutet es für Sie, mitten in der Angst zuerst nach Gottes Reich zu streben?

 ## Austausch und Gebet
(15 – 30 Minuten)

● Erschweren oder erleichtern Ihnen diese Worte Jesu den Umgang mit der Bergpredigt?

● Welche konkrete Sorge könnten Sie Gott im Gebet bringen? Kann Sie die Gruppe dabei unterstützen?

Erläuterungen

6,25-34. Hinter dem Ruf, zuerst Gott und nicht dem Geld zu dienen, steht die Erkenntnis, daß der Jünger sich nicht um die täglichen Bedürfnisse (wie Nahrung oder Kleidung) zu sorgen braucht. Anhand zweier Beispiele macht Jesus das klar. Vögel und Blumen sind davon abhängig, daß Gott sie mit Nahrung versorgt. Gott sind jedoch seine Kinder viel wertvoller als Tiere oder Pflanzen; er wird ihnen mit weit mehr Fürsorge begegnen. Sie können sich deshalb vertrauensvoll von ihm abhängig machen.

6,25. Darum sage ich euch. Jesus zieht nun eine Schlußfolgerung aus dem in V. 19-24 Gesagten. Weil seine Jünger einen Schatz im Himmel haben (V. 20), sind ihre Augen auf Gott gerichtet (V. 22), ihr Herz gehört Gott und nicht dem Geld. Darum sorgen sie sich nicht um die materiellen Bedürfnisse.

Sorgt euch nicht. Sorge oder Ängstlichkeit ist ein Zustand des Herzens. Da die Jünger nach Gottes Willen leben wollen, brauchen sie sich nicht von den materiellen Sorgen und Wünschen anderer Menschen anstecken zu lassen.

Leben bedeutet mehr. Der Materialismus als Lebensziel stellt fälschlicherweise die Bedürfnisbefriedigung in den Mittelpunkt. Nahrung und Kleidung sind zwar wichtig, aber nicht Zentrum des Lebens.

6,26. Wie albern es ist, die Sorge um die Nahrung überzubewerten, macht Jesus im Beispiel deutlich. Den Jüngern wird nicht verboten, etwas für ihren Lebensunterhalt zu tun, sie sollen aber im tiefsten Grunde von Gott erwarten, daß er ihr Leben erhält.

Noch viel mehr kümmert. Der Mensch ist aufgrund seines besonderen Schöpfungsauftrages (die Erde zu bebauen und zu bewahren) aus der Menge der Geschöpfe herausgehoben. Gott versorgt die Tier- und Pflanzenwelt, aber um seine Kinder kümmert er sich in besonderer Weise. Jesus verspricht hier, daß Gott die Hungrigen ernährt. Zugleich gebietet er aber auch seinen Nachfolgern, Menschen zu sein, die anderen Nahrung geben (Mt 25,31-46).

6,27. Ein Augenblick. Nach den Worten Jesu können alle Sorgen der Welt das Leben eines einzigen Menschen nicht um eine Stunde verlängern. Was soll dann noch das Sorgen? (Die medizinische Forschung hat sogar nachweisen können, das übermäßiges Sorgen die Lebenserwartung durch streßbedingte Erkrankungen eher verkürzt.)

6,29. Salomo. Salomo, der dritte König Israels, war bekannt für seinen märchenhaften Reichtum (1Kö 10,14-29). Wie töricht es ist, sich über Kleidung Sorgen zu machen, wird daran deutlich, daß selbst die einfachsten Blumen schöner geschmückt sind als der reichste König.

6,30. Verbrannt. Einige der Blumen, an die Jesus hier denkt, waren nicht wegen ihrer Schönheit bekannt. Selbst Unkraut (das im allgemeinen nur getrocknet und zum Heizen benutzt wurde) ist mit Schönheit ausgestattet, die vielen überflüssig erscheinen mochte.

Vertraut ihr Gott so wenig? (wörtl. *Kleingläubige*). Das Wort taucht im Neuen Testament fünfmal auf (davon viermal bei Mt: 8,26; 14,31; 16,8, 17,20). An den Beispielen hier wird klar, daß Glaube das Vertrauen auf die Liebe, Fürsorge und Macht Gottes ist und damit das Gegenteil von ängstlicher Sorge.

6,31. Hört also auf, voller Sorgen zu denken. Hier ist nicht gemeint, daß der Glaube uns gedankenlos und träge machen soll. Wie V. 33 zeigt, sollen die Jünger sehr wohl fleißig sein, dabei aber nach Gottes Aufgabenliste handeln. Es geht um weit mehr als um die Erfüllung ihrer Bedürfnisse. Sie sollen Gott vertrauen, daß er allen Mangel ausfüllen wird.

Was werden wir essen/trinken/anziehen? John Stott bezeichnet diese Dinge als die „Dreieinigkeit der Sorgen der Welt" (Stott).

6,33. Nachdem Jesus seinen Jüngern gesagt hat, worum sie sich nicht kümmern brauchen, macht er ihnen nun klar, was ihr Hauptanliegen sein soll: Sie sollen sich darauf konzentrieren, daß sich Gottes Herrschaft (sein Reich) entfaltet, und so handeln, daß ihr Leben sein Wesen (seine Gerechtigkeit) widerspiegelt. Alle Bereiche des Lebens (innere Einstellungen und praktische Taten) sollen von diesem Hauptziel bestimmt sein. Hauptbeweggrund des Christen ist in allem Denken, Reden und Tun die Ehre Gottes. Jesus sagt hier zu, daß wer so handelt, sich nicht um materielle Dinge zu sorgen braucht. Sie liegen in der Hand Gottes.

6,34. Zukunft. Sorgen haben im allgemeinen mit der Zukunft zu tun. Man sorgt sich um das, was vor einem liegt. Der Jünger soll aber nicht in Furcht vor dem Morgen leben, sondern ganz in der Gegenwart und im Vertrauen auf Gottes Fürsorge.

Lasten. Dem Jünger wird kein sorgenfreies Leben versprochen, aber Gottes Fürsorge zugesagt.

11 Kritik und Selbstkritik

Bitte, suche, klopfe an (Mt 7,1-12)

¹„Urteilt nicht über andere, damit Gott euch nicht verurteilt. ²Denn so wie ihr jetzt andere verurteilt, werdet auch ihr verurteilt werden. Und mit dem Maßstab, den ihr an andere legt, wird man euch selber messen.
³Du regst dich auf über die kleinen Schwächen deines Bruders und erkennst nicht deine eigene, viel größere Schuld. ⁴Du sagst: ‚Mein Freund, komm her! Ich will dir die Augen für

 Einstieg (15 – 20 Minuten)
(Wählen Sie bitte 1 oder 2 Fragen.)

● Waren Ihre Eltern mit Ihnen früher eher zu streng oder zu nachsichtig? Wie würden Ihre Kinder diese Frage beantworten?

● Wie oft haben Sie als Kind zu Weihnachten das bekommen, was Sie sich vor allem gewünscht haben? Wie ist das heute?

● Wie können Sie Kritik vertragen? Und wie gehen Sie damit um?

 Impulse für das Gespräch (30 – 40 Minuten)

● Die „bessere Gerechtigkeit" (5,20) der Jünger Jesu gibt ihnen nicht das Recht, über andere zu urteilen. Was geschieht, wenn sie es dennoch tun (V. 1.2)?

● Verbietet Jesus mit dem Bild in V. 3-5 grundsätzlich jede Kritik? Begründen Sie bitte kurz Ihre Ansicht. Welchen Charakterzug fordert Jesus hier?

● Wo stehen Sie in der Versuchung, über „den kleinen Schwächen" anderer Ihre „eigene, viel größere Schuld" zu übersehen? Was können Sie dagegen unternehmen?

● Fordert V. 6 zu angemessenem Beurteilen auf (vgl. Anmerkung zu V. 6)? Verwehrt Jesus auch das Urteil in Fragen der Lebensführung und des Glaubens? Wann ist eine Beurteilung fair?

● Ist Ihr Urteil (über sich und andere) eher streng? Urteilen Sie über Personen, die Sie lieben, strenger als über fremde?

deine Fehler öffnen!' Dabei bist du blind für deine eigene Schuld. ⁵Du Heuchler! Kümmere dich zuerst um deine Fehler, dann versuche, deinem Bruder zu helfen.
⁶Gebt das, was euch heilig ist, nicht Menschen preis, die es nicht achten. Und was euch kostbar ist, verschleudert nicht an solche, die seinen Wert nicht erkennen. Sie werden sonst euern Glauben in den Dreck zerren und euch hinterher auch noch angreifen."
⁷„Bittet Gott, und er wird euch geben! Sucht, und ihr werdet finden! Klopft an, dann wird euch die Tür geöffnet! ⁸Denn wer bittet, der wird bekommen. Wer sucht, der findet. Und wer anklopft, dem wird geöffnet.
⁹Wenn ein Kind seinen Vater um ein Stück Brot bittet, wird er ihm dann einen Stein geben? ¹⁰Wenn es um einen Fisch bittet, wird er ihm etwa eine giftige Schlange anbieten? ¹¹Wenn schon ihr hartherzigen, sündigen Menschen euern Kindern Gutes gebt, wieviel mehr wird euer Vater im Himmel denen gute Gaben schenken, die ihn darum bitten!
¹²So wie ihr von den Menschen behandelt werden möchtet, so behandelt sie auch. Das ist – kurz zusammengefaßt – der Inhalt der ganzen Heiligen Schrift."

● Wie denken Sie über V. 7-11? „Es wird ja auch Zeit, daß mal was Positives kommt." „Ich bin bereit, zu bitten und zu empfangen." „Bitten, suchen, klopfen? – Es ist wohl ganz schön schwer, etwas zu bekommen." „Das klingt zwar nett, es ist aber schon eine Weile her, daß für mich etwas vom Himmel gefallen ist."

● Jesus ermutigt hier zu vertrauensvollem, anhaltendem Gebet (vgl. Anmerkung zu V. 7-11). Stellt er damit einen „Blankoscheck" für alle Wünsche aus? Was würde Gott wohl tun, wenn Sie versehentlich um einen „Stein" oder eine „Schlange" bitten würden?

● Inwiefern ist die „Goldene Regel" in V. 12 die Zusammenfassung der ganzen Heiligen Schrift oder der Bergpredigt? Welche fast unmerkliche, aber entscheidende Veränderung nimmt Jesus an einer altbekannten Regel vor (vgl. Anmerkung zu V. 12)?

 ## Austausch und Gebet
(15 – 30 Minuten)

● Sind Sie dazu bereit, sich auf „bitten, suchen, anklopfen" einzulassen?

● Hält sich Ihre Gruppe an die „Goldene Regel"? Gehen Sie alle so miteinander um, wie Sie sich das auch wünschen?

● Welche persönlichen Anliegen möchten Sie gerne mitteilen?

Erläuterungen

7,1-5. Die „bessere Gerechtigkeit" der Jünger Jesu (5,20) darf nicht dafür mißbraucht werden, andere Menschen zu verurteilen. In typisch rabbinischem Vorgehen stellt Jesus zuerst ein Prinzip vor (V. 1), begründet es dann theologisch (V. 2) und gibt einige Beispiele (V. 3-5).

7,1. Urteilt nicht. In diesem Zusammenhang meint das Wort eine tadelnde Haltung, die über die Fehler anderer ein Urteil fällt. Das bedeutet nicht, daß den Jüngern grundsätzlich z.B. die Beurteilung bestimmter Handlungen anderer untersagt wäre (vgl. 7,15-20, in bestimmten Fällen wird das sogar gefordert). Was aber verboten ist, ist die hartherzige und verdammende Haltung. Sie zeigt einen Mangel an Selbsterkenntnis und Demut, welche von zentraler Bedeutung für das Leben unter Gottes Herrschaft sind (5,3-5).

Damit Gott euch nicht verurteilt. Die Konsequenz des Richtens ist nicht der Konflikt mit dem betroffenen Menschen, sondern mit Gott selbst. Er wird dem Kritiker als Richter gegenübertreten und ihn selbst zur Rechenschaft ziehen.

7,2. So wie ihr jetzt. Auch in Mk 4,24 wird dieser damals sprichwörtliche Ausdruck verwandt (allerdings in anderem Zusammenhang). Er bezieht sich auf die rabbinische Lehre, daß Gott die Welt mit zweierlei Maß richten wird: dem Maß der Gerechtigkeit und dem Maß der Barmherzigkeit. Wer also von Gott barmherzig beurteilt werden will, muß dies auch bei seinen Mitmenschen tun (6,14.15).

7,3-5. Mit einer humorvollen Übertreibung (was auch rabbinischer Tradition entsprach) macht Jesus klar, was für ein lächerlicher Selbstbetrug es ist, die kleinen Fehler anderer zu verurteilen und den eigenen, viel größeren Fehler gar nicht zu bemerken.

7,4. Fehler. (wörtl. *Splitter*). Das Wort meint etwas sehr kleines, wie ein Splitterchen Holz oder einen Sägespan.

Blind. (wörtl. *Balken*). Wie verrückt der Versuch ist, das Auge eines anderen von einem kleinen Krümelchen zu befreien, während man selbst „ein Brett vor dem Kopf hat", versteht sich von selbst.

7,5. Es ist nicht gemeint, daß der andere fehlerlos ist. Es geht vielmehr um die menschliche Eigenart, daß man eher auf die Kleinigkeiten bei anderen achtet, eigene offensichtliche Fehler und Sünden aber ignoriert.

7,6. Obwohl es schwer auszulegen ist, ist dieses Bildwort (das nur von Matthäus überliefert wird) wohl als Gegengewicht zu V. 1 gedacht. Einerseits paßt eine richtende und verdammende Haltung nicht in das Leben der Nachfolger Jesu, andererseits brauchen sie Unterscheidungsvermögen. Selbstgerechte Beurteilung wird in V. 1-5 untersagt, ein klares Urteilsvermögen aber gefordert.

Was euch heilig ist. Im Bild ist vermutlich an das heilige Opferfleisch gedacht, das im Tempel dargebracht wurde. Es war undenkbar, daß ein Priester es achtlos den Hunden vorwarf, die keinen Unterschied zwischen diesem Fleisch und irgendwelchem Aas machen würden.

Was euch kostbar ist. (wörtl. *Perlen vor die Säue werfen*). Mit etwas so Wertvollem wie Perlen würde man niemals so umgehen. Die schönen Perlen würden nur im Dreck zertrampelt werden, weil man sie nicht fressen kann. Die Urkirche sah im Heiligen und Kostbaren das Abendmahl, das nur Getaufte empfangen durften. Viele Ausleger sehen hier eher ein Bild für das Evangelium. Die Jünger sollen demnach die Wahrheit des Evangeliums nicht denen aufdrängen, die sie ablehnen. Das würde nur Gotteslästerung und Mißbrauch nach sich ziehen. Diese Position vertritt Jesus z.B. auch bei der Aussendung seiner Jünger in 10,11-16.

Die seinen Wert nicht erkennen. (wörtl. *Hunde und Schweine*). Hunde und Schweine galten als kultisch unrein. Juden hielten und aßen keine Schweine (vgl. 2Petr 2,22). Der Begriff „Hund" oder „Schwein" wurde oft für Nichtjuden verwendet. Es ist hier an Menschen gedacht, die die Angebote Gottes wiederholt wissentlich und willentlich ablehnen.

7,7-11. Jesus ermutigt seine Jünger zu ausdauerndem Gebet vor Gott, der es gut mit ihnen meint und ihre Bedürfnisse stillen will.

7,7. Bitte, suche, klopfe an. Die hier benutzte Verbform drückt im Griechischen eine anhaltende Tätigkeit aus. Man müßte übersetzen: „bitte ausdauernd", „suche beharrlich", „klopfe hartnäckig an". Es handelt sich nicht etwa um eine Steigerung. Die drei Ausdrücke meinen jeweils dasselbe.

Er wird euch geben! Ihr werdet finden! Dann wird euch die Tür geöffnet! Es geht hier nicht darum, daß die sich steigernde Eindringlichkeit des Gebets der Jünger erhört wird, sondern daß Gott auf jede Bitte antwortet.

7,9-11. Wieder macht Jesus durch einen Vergleich etwas deutlich. Wie ein guter Vater mit seine Kindern umgeht, so handelt auch Gott an seinen Kindern.

Brot, Fisch. Die üblichen Nahrungsmittel in Galiläa.

Ihr hartherzigen, sündigen Menschen. Selbst die besten Eltern sind noch sündige Menschen. Dieser harte Ausdruck macht den Unterschied zwischen noch so liebevollen und gütigen Eltern und dem absolut guten Vater im Himmel deutlich. Wenn schon sündige Menschen ihre Kinder liebevoll behandeln, wie kann man dann auch nur daran denken, daß Gott seinen Kindern verweigern könnte, was sie brauchen?

7,12. Dieser Vers ist die sogenannte „goldene Regel". Sie hat keinen unmittelbaren Bezug zu den vorhergehenden Versen, sondern faßt zusammen, was bisher insgesamt über die Gerechtigkeit der Jünger gesagt ist. Sie bietet ein grundlegendes Prinzip für alle Beziehungen unter Menschen an. Im Altertum war die negative Fassung dieser Regel allgemein bekannt. So unterschiedliche Gelehrte wie Konfuzius oder Rabbi Hillel lehrten diese negative Form. Sie findet sich auch im Hinduismus, Buddhismus und bei den römischen und griechischen Philosophen. Jesus verändert dieses Prinzip unmerklich – aber entscheidend! Er macht aus der Verneinung („tu nicht …") eine Aufforderung („tut …"). Damit schenkt er der Welt einen der wenigen großen Fortschritte auf dem Gebiet der Ethik. Die ursprüngliche Form der Regel konnte man durch Passivität erfüllen („rege niemanden auf"). Jesus fordert aktive Vorleistung zum Wohle des anderen. „… denn was man sich selbst wünscht, ist gewöhnlich so grenzenlos, daß die Forderung, es anderen zu tun, den radikalsten Aufruf zur Nächstenliebe darstellt" (Eduard Schweizer).

So. Jesus verknüpft damit die „goldene Regel" mit allem bisher Gesagten. Es handelt sich um den Höhepunkt und die Zusammenfassung der Bergpredigt.

Der Inhalt der ganzen Heiligen Schrift. Die „goldene Regel" beschreibt kurz und bündig das Kernstück der alttestamentlichen Lehren über die Beziehungen zwischen Menschen (vgl. Mk 12,30.31 und Röm 13,8-10).

Über das Verurteilen …
Helmut Thielicke

Jesus wendet sich gegen das menschliche Richten für den Fall, daß wir damit das Endgericht Gottes vorwegnehmen wollen und also vergessen, daß wir alle selber … dem Jüngsten Gericht entgegengehen. Wenn wir nämlich vergessen, daß wir alle einmal vor Gottes Richterstuhl stehen werden, und wenn wir statt dessen wähnen, selber in unantastbarer Majestät auf jenem Richterstuhl zu sitzen, dann kommt in unser Richten der Ton der Selbstgerechtigkeit und der göttlichen Anmaßung, dann vergessen wir den Balken in unserem Auge, und dann fühlt der Gerichtete auch sofort, daß er so nicht behandelt werden darf, daß dem Richter das hohe Roß und der hohe Thron nicht zukommen, daß es nicht – „gerecht" ist, wenn er ihn von daher anspricht … Ein Christenmensch wird ja in der Jüngerschaft seines Herrn immer barmherziger, weil er sein eigenes Herz tiefer und tiefer kennenlernt und weil er im Kraftfeld der Vergebung auch immer mutiger und freier wird, sich selbst so zu sehen, wie er ist, und sich nichts mehr vorzumachen. Darum darf er dann auch – als einer, der einen Balken in seinem eigenen Auge erkannt hat und ihn nun losgeworden ist –, den Versuch wagen, an den Splitter im Auge seines Nächsten heranzutreten. Dazu gehören zarte und barmherzige Hände. Dazu gehört auch die Erfahrung des Schmerzes und der Befreiung, die man erlebt, wenn an das empfindlichste Organ gerührt und ein Fremdkörper entfernt wird. Nur die selber Verwundeten können Wunden verbinden. Nur die, denen selber Vergebung widerfuhr, tragen heilende Kräfte in diese Welt. Sie holen ihren Bruder aus der stickigen und bösen Luft des Gerichtssaales heraus in das freie Draußen, wo man atmen kann und wo die Sonne Gottes über die Bösen und über die Guten scheint.

12 Nur zwei Wege

Die enge Tür und das weite Tor (Mt 7,13-23)

¹³"Nur durch eine sehr enge Tür könnt ihr in das Reich Gottes kommen. Der Weg zur Hölle dagegen ist breit und hat ein weites Tor. Viele entscheiden sich für diesen scheinbar bequemen Weg. ¹⁴Aber die Tür, die zum Leben führt, ist eng, und der Weg dorthin ist schmal. Deshalb gehen ihn nur wenige."

Einstieg (15 – 20 Minuten)
(Wählen Sie bitte 1 oder 2 Fragen.)

● Halten Sie an und fragen Sie nach dem Weg, wenn Sie sich verfahren haben, oder fahren Sie solange herum, bis Sie ihr Ziel gefunden haben?

● Fällt es Ihnen leicht, Leuten zu vertrauen, bis Sie enttäuscht werden, oder sind Sie eher mißtrauisch, bis sich jemand Ihr Vertrauen verdient hat?

Impulse für das Gespräch (30 – 40 Minuten)

● Am Ende seiner Predigt stellt Jesus wirkliches inneres Einverständnis und bloße äußere Zustimmung zu seiner Predigt einander gegenüber. Was empfinden Sie, wenn Jesus vom schmalen und vom weiten Weg spricht?

● Sind „Hölle" und „Leben" nur im Blick auf die Ewigkeit gemeint? Könnten Sie auch den irdischen Zustand von Menschen beschreiben?

● Wer waren die „getarnten, reißenden Wölfe" aus V. 15.16 zur Zeit Jesu (vgl. Anmerkung zu V. 15)?

● Wer sind wohl heute diese „Wölfe" (vgl. Anmerkung zu V. 16a)?

● Was ist nach V. 21-23 falsch an den Bekenntnissen zu Jesus?

¹⁵„Nehmt euch in acht vor denen, die falsche Lehren verbreiten! Sie tarnen sich als sanfte Schafe, aber in Wirklichkeit sind sie reißende Wölfe. ¹⁶Wie man einen Baum an seiner Frucht erkennt, so erkennt man auch sie an ihrem Tun und Treiben. Weintrauben kann man nicht von Dornbüschen und Feigen nicht von Disteln ernten. ¹⁷Ein guter Baum bringt gute Früchte und ein kranker Baum schlechte. ¹⁸Ein guter Baum wird keine schlechten Früchte tragen, genausowenig wie ein kranker Baum gute Früchte hervorbringt. ¹⁹Jeder Baum, der keine guten Früchte bringt, wird umgehauen und verbrannt. ²⁰Ebenso werdet ihr auch einen Menschen an seinen Taten erkennen."

²¹„Nicht, wer mich dauernd ‚Herr' nennt, wird in Gottes Reich kommen, sondern wer den Willen meines Vaters im Himmel tut. ²²Am Tag des Gerichts werden zwar viele sagen: ‚Aber Herr, wir haben doch deine Wahrheiten gepredigt! Wir haben doch in deinem Namen Dämonen ausgetrieben und mächtige Taten vollbracht!' ²³Aber ich werde ihnen antworten: ‚Ihr habt nie wirklich zu mir gehört. Was ihr getan habt, das habt ihr ohne mich getan. Geht mir aus den Augen!'"

● Wenn Prophezeiungen, Dämonenaustreibungen und Wundertaten nicht das sind, was Jesus mit „den Willen meines Vaters im Himmel tun" meint (V. 21), was dann? Wann wird jemanden der Eintritt in das Reich Gottes gewährt (vgl. Anmerkung zu V. 22)?

● Was bedeutet es für sie persönlich, Jesus Ihren „Herrn" zu nennen?

 ## Austausch und Gebet
(15 – 30 Minuten)

● Das nächste Treffen ist bereits das letzte in diesem Bibelkurs. Was sind Ihre weiteren Perspektiven? Möchten Sie sich als Gruppe danach weiterhin treffen? Sollten Sie sich evtl. aufteilen? Oder …?

● Es liegt ein hartes Stück Arbeit hinter Ihnen. Was könnten Sie sich beim nächsten Treffen Gutes tun? Vielleicht ein kleines Fest feiern?

● Wie würden Sie momentan Ihr Glaubenswachstum beschreiben: Es sind erst Knospen zu sehen. – Ich wachse, bin aber noch nicht reif. – Reif und fruchtig. – Schon etwas matschig. – Wurmstichig. Erklären Sie bitte kurz Ihre Antwort.

● Worin kann Sie die Gruppe im Gebet unterstützen?

Erläuterungen

7,13-27. Jesus beschließt die Bergpredigt mit vier gegensätzlichen Bildern (vgl. 6,19-34), die seine Jünger von oberflächlicher Zustimmung zu völliger Hingabe und wirklichem Gehorsam führen sollen. Nachdem klar geworden ist, was unter der „besseren Gerechtigkeit" (5,20) zu verstehen ist, verlangen diese vier Bilder auch von den Lesern des Matthäusevangeliums eine Entscheidung. Trotz der Vielzahl der geforderten Entscheidungen geht es in diesem Abschnitt lediglich um eine – allerdings grundsätzliche – Entscheidung. Es gibt nur zwei Wege (den breiten und den schmalen – 7,13.14), nur zwei Arten von Lehrern (richtige und falsche – 7,15-20), nur zwei Arten von Jüngern (redende und praktizierende – 7,21-23) und nur zwei Arten von Lebensfundamenten (Sand und Fels – 7,24-27). Es geht bei allem um die Entscheidung zwischen einem Leben nach den Worten Jesu oder nach den Maßstäben der breiten Masse.

7,13.14. Die Lehre von den zwei Wege (dem Weg der Verdorbenheit und der Tugend) findet sich auch bei den griechischen Philosophen (z.B. Hesiod, 700 v.Chr.), in den Psalmen (z.B. Ps. 1) und den Propheten (z.B. Jer 21,8).

7,13. Der Weg ist breit und hat ein weites Tor. Dies ist die Lebensart vieler Menschen. Nach der Bergpredigt steht solches Leben aber im Gegensatz zu den Werten, die in den Seligpreisungen genannt werden.

Zur Hölle. Hierhin führt der breite Weg. Jesus beschreibt die Hölle nicht genauer, aber das Wort, das er benutzt, weist auf ein schreckliches Ende hin. Dem Leben ohne Gott droht der Zorn Gottes gegen die Sünde (Röm 1,18). Zugleich führt solches Leben auch schon auf Erden zu zerstörten Beziehungen und innerem Chaos. Der breite Weg ist vielbefahren, führt aber in den Untergang.

7,14. Aber die Tür ist eng und der Weg schmal. Dies ist der Weg, für den Jesus in der Bergpredigt wirbt. Es ist ein Weg der Demut, Barmherzigkeit und Gerechtigkeit, weil man sich der Autorität Jesu unterstellt (5,3-12). Es ist ein Weg der Versöhnlichkeit, Freundlichkeit, Ehrlichkeit, Großzügigkeit und Grenzen überwindenden Liebe (5,21-48). Es ist der Weg der inneren Hingabe an Gott (6,1-18), die sich von ganzem Herzen Gott und seinem Wort verpflichtet (6,19-34). Es ist ein Weg des barmherzigen Umgangs mit anderen (7,1-5) und des Vertrauens auf Gottes Güte (7,7-11). Es ist ein Weg, der aktiv das Wohl des andern sucht (7,12). Dieser Weg wird durch die enge Tür betreten, die es notwendig macht, daß man den Ballast von Vorurteilen, selbstsüchtigen Zielen, Stolz und geteilter Loyalität ablegt. Dieser Weg verlangt Selbstbeherrschung, Übung und Vertrauen. Er verlangt von Menschen, sich gegen den Strom der Masse zu stellen. Deshalb wird er nur von wenigen gewählt.

Zum Leben. Der schmale Weg führt zum Leben – in den unterschiedlichsten Bedeutungen dieses Wortes. Er führt zu innerer Erfüllung, weil das Leben durch die Gegenwart Gottes Sinn und Bedeutung erhält. Er führt zu Beziehungen, die von Ehrlichkeit und Liebe geprägt sind. Es ist der Weg zum ewigen Leben in der Gegenwart Gottes, der schon auf Erden erleben läßt, wie dieses Leben einmal aussehen wird. In V. 21 nennt Jesus dies „in Gottes Reich kommen".

7,15-20. Die Propheten beanspruchten, im Namen Gottes zu reden. Falsche Propheten, denen es entweder um Macht und Ansehen oder schlicht um Geld ging, waren sowohl im Judentum wie auch im Christentum ein Problem (5Mo 13,1-5; Jer 23,9-40; 2Petr 2,1; 1Joh 4,1-3).

7,15. Nehmt euch in acht. Erneut werden die Jünger zur Beurteilung anderer Menschen aufgerufen. Hier geht es um die Unterscheidung zwischen richtigem und falschem Lehren geistlicher Wahrheiten.

Sie tarnen sich als sanfte Schafe. Eine Erklärung dieser Verse könnte darin bestehen, daß falsche Propheten sich als Schafe (ein Bild für die Jünger Jesu) ausgaben oder vortäuschten, harmlos wie Schafe zu sein. In Wirklichkeit waren sie aber reißende Wölfe, die andere verschlingen wollten. Während in 7,6 das Wesen der „Hunde" und „Schweine" offensichtlich ist, sind diese „Wölfe" nur schwer zu erkennen. Sie verbergen sich hinter äußerem Schein. Vermutlich hat Jesus auch hier die Pharisäer im Blick.

7,16a. An ihrem Tun und Treiben. Das Verhalten der Lehrer und Propheten, der Inhalt ihrer Lehren und die Auswirkungen ihrer Lehren sind Kriterien, anhand derer man feststellen kann, ob es sich um Irrlehrer handelt oder nicht.

7,16b. Jesus benutzt zwei Beispiele, um zu zeigen, daß das Verhalten Entscheidendes über das Wesen einer Person aussagt. Falsche Propheten bringen keine Wirkungen hervor, die Menschen ernähren und sättigen (wie Trauben oder Feigen). Sie produzieren statt dessen Dornen und Disteln, die Menschen stechen und verletzen.

7,21-23a. Das Wesen der Nachfolge besteht nicht allein darin, nur zu bekennen, daß Jesus der Herr ist. Die Echtheit eines solche Bekenntnisses zeigt sich an den Taten einer Person. Deshalb wird im Jüngsten Gericht offengelegt, wer Jesus wirklich gefolgt ist und wer nicht.

7,21. Dauernd Herr nennen. Wer Jesus „Herr" nennt, beansprucht, in seiner Nachfolge zu stehen. In der frühen Christenheit war der Satz „Jesus ist der Herr" (1Kor 12,3) ein Glaubensbekenntnis. Wenn man aber nicht nach diesem Bekenntnis lebt, so wird es hinfällig. In Lk 6,46 wird das noch deutlicher gesagt: „Warum nennt ihr mich dauernd ‚Herr!', wenn ihr doch nicht tut, was ich euch sage?"

7,22. Am Tag des Gerichts. Dies ist der Tag des Jüngsten Gerichtes. Durch die ganze Heilige Schrift zieht sich die Erwartung einer solchen endgültigen Beurteilung der Menschen durch Gott.

Aber Herr, wir haben doch ... Durch diesen Ausdruck werden zwei wichtige Aspekte der Nachfolge Jesu betont: 1.) Nicht wortreiche Bekenntnisse zu Jesus, nicht machtvolle Taten, nicht erfolgreicher Dienst, auch nicht der Gebrauch christlicher Sprache machen an sich schon deutlich, ob jemand im Namen Gottes spricht. Was wirklich zählt, ist die Tatsache, ob jemand nach den Worten Jesu lebt. 2.) Niemand gelangt aufgrund seiner Werke in das Reich Gottes. Auch nicht mit Überredungskünsten. Der einzige Weg, Jesus wirklich nachzufolgen, ist die Anerkennung seiner Herrschaft über alle Lebensbereiche.

13 Feste Fundamente

Sand und Fels (Mt 7,24-29)

²⁴„Wer meine Worte hört und danach handelt, der ist klug. Man kann ihn mit einem Mann vergleichen, der sein Haus auf felsigen Grund baut. ²⁵Wenn ein Wolkenbruch niedergeht, das Hochwasser steigt und der Sturm am Haus rüttelt, wird es trotzdem nicht einstürzen, weil es auf Felsengrund gebaut ist. ²⁶Wer sich meine Worte nur anhört, aber nicht danach lebt, der ist so unvernünftig wie einer, der sein Haus auf Sand baut. ²⁷Denn wenn ein Wolkenbruch kommt, die Flut das Land überschwemmt und der Sturm um das Haus tobt, wird es mit großem Krachen einstürzen."
²⁸Als Jesus seine Rede beendet hatte, waren die Zuhörer tief betroffen. ²⁹Denn was er gesagt hatte, waren nicht leere Worte wie bei ihren Schriftgelehrten. Sie merkten, daß Gott selbst durch Jesus zu ihnen gesprochen hatte.

Einstieg (15 – 20 Minuten)
(Wählen Sie bitte 1 oder 2 Fragen.)

● Haben Sie sich als Kind vor einem Gewitter gefürchtet?

● Wenn Sie Ihr Traumhaus bauen könnten, wo würden Sie es aufstellen und wie sähe es aus?

● Wer ist in Ihrer Familie der/die Vernünftigste?

Impulse für das Gespräch (30 – 40 Minuten)

● Jesus stellt zum Abschluß der Bergpredigt seine Hörer vor die wichtigste Entscheidung ihres Lebens (V. 24-27). Welche ist das?

● Welche Gemeinsamkeiten und welche Unterschiede bestehen zwischen den beiden Bauherren?

● Wie baut man sein Leben auf Fels?

● Wofür steht wohl der Sturm im Gleichnis? Werden Christen vor den Schwierigkeiten des Lebens verschont?

● Jesus beendet seine Predigt mit dem Bild des unvernünftigen Mannes, dessen Haus mit großem Krachen zusammenbricht. Warum schließt Jesus mit dieser Warnung und dem Ruf zur Umkehr?

- Welche Stürme fordern Ihrer Meinung nach die meisten Verluste? Zweifel? Moralisches Versagen? Beziehungskrisen? Lustlosigkeit? Etwas anderes?

- Am Ende der Bergpredigt wird noch einmal die Volksmenge erwähnt (V. 28.29). Warum war sie so erstaunt (vgl. Anmerkung zu V. 28)?

- Am Schluß der Predigt stellt sich Jesus noch einmal besonders in den Mittelpunkt. Auch für uns ist die letzte Frage: „Wie werde ich mich zu diesem Jesus stellen?"

 Austausch und Gebet
(15 – 30 Minuten)

- Was waren für Sie Höhepunkte dieser gemeinsamen Zeit? Gab es für Sie eine überraschende Entdeckung? Haben Sich Ihre Ziele erfüllt?

- Falls Sie als Gruppe zusammenbleiben möchten: Was hat Ihnen gut gefallen und was wollen Sie verbessern? Wen könnten Sie einladen?

- Was werden Sie vermissen, wenn sich die Gruppe auflösen würde?

- Was müssen Sie noch mehr lernen und üben, um selber ein kluger Bauherr zu werden?

- Gibt es einen „Sturm", den Sie gerade durchmachen? Hat er gerade begonnen, sind Sie mittendrin oder läßt er nach? Wie kann Sie die Gruppe in den nächsten Tagen im Gebet unterstützen?

Erläuterungen

7,24-27. Sowohl Matthäus als auch Lukas schließen Ihren Bericht von der Predigt mit diesem Gleichnis. Es verdeutlicht auf dramatische Weise die Entscheidung, vor die Jesus seine Zuhörer stellt. Man muß sich entscheiden, ob man die Lehren Jesu ernst nehmen will, oder ob man lieber auf das eigene Verderben zusteuert. In der heutigen Zeit ist es uns unangenehm, mit solch extremen Alternativen konfrontiert zu werden – besonders auf religiösem Gebiet. Jesus macht aber sehr deutlich, daß es nur einen Weg zum Leben gibt. Er sagt von sich: „Ich bin der Weg, ich bin die Wahrheit, und ich bin das Leben!" (Joh 14,6). Ihm nachzufolgen und seinen Worten zu vertrauen, ist der einzige Weg, um in Gottes Reich zu gelangen. Jede andere Wahl führt in den Tod. Die beiden Häuser im Gleichnis mochten identisch ausgesehen haben (V.13-27 behandeln die Frage des äußeren Erscheinungsbildes), aber nur das Haus, das auf festem Grund stand (dem Gehorsam Gott gegenüber), konnte dem Sturm widerstehen (Gottes endgültiger Beurteilung).

7,24. Das Gleichnis markiert den Schlußpunkt der Ausführungen in den V. 13-23. Die Frage des Weges (V. 13.14), auf wen man hört (V. 15-20) und wie man lebt (V. 21-23), reduziert sich letztlich auf die Frage, ob ein Mensch Jesus und seine Worte als Lebensfundament wählt oder nicht.

Der ist klug. Das Alte Testament nennt den klug, der sein Leben auf Gott und sein Gesetz baut (Ps 111,10; Spr 3,5-7; 9; 10). Dagegen wird der als Narr bezeichnet (unabhängig vom Grad der Intelligenz), der meint, daß es letztlich keine Konsequenzen habe, ob man sich nun nach Gott und seinem Wort richtet oder nicht (Ps 14,1; Spr 14,16). Das Gleichnis geht davon aus, daß beide „Bauherren" das Wort Jesu hören. Der wesentliche Unterschied liegt in ihrer Reaktion darauf.

Auf felsigen Grund. Häuser, deren Fundament aus felsigem Untergrund besteht, können auch einem schweren Sturm standhalten. In diesem Zusammenhang sind Jesus und seine frohe Botschaft der Fels.

7,25. In Palästina ist es fast das ganze Jahr hindurch sehr trocken. Im Herbst allerdings kann es zu starken Regenfällen kommen. Dann schießt das Wasser in Sturzbächen die Schluchten hinab. Was in der Trockenzeit wie ein herrlicher Bauplatz aussah, verwandelt sich dann in einen reißenden Strom.

7,26. Auf Sand. Auf Sand zu bauen war für ein Nomadenvolk einfach. Wenn sich der Boden nicht setzt und Wind oder Wasser keinen Druck auf das Haus ausüben, steht es stabil.

7,27. Wolkenbruch, Flut, Sturm. Letztlich stehen diese Bilder für Gottes kommendes Endgericht über die ganze Welt (Hab 3,9-12). Die ganze Bibel und auch die Bergpredigt durchzieht die Ankündigung des herannahenden Gerichtes Gottes. Die Unausweichlichkeit dieses Gerichtes steht hinter den dringlichen Aufrufen zur Umkehr und in die Nachfolge Jesu. Er kann als einziger aus diesem Gericht erretten. Wind und Regen stehen jedoch nicht nur für das Endgericht. Sie repräsentieren auch die Belastungen des Lebens, die sowohl Glaubende wie Nicht-Glaubende treffen. Den Glaubenden wird nicht zugesagt, daß ihnen alle Schwierigkeiten erspart bleiben, sie haben aber ein festes Fundament, das sie durch alle Turbulenzen trägt.

Einstürzen. Wenn das Wasser den Sand, auf dem der Bau steht, wegwäscht, gibt es keine Rettung für das Haus. Wer auf Stolz, Kraft oder Besitz baut, hat keine Hoffnung, wenn diese wackligen Fundamente durch das Leben weggespült werden.

Mit großem Krachen. Eindrücklich beschreibt Jesus den Zusammenbruch des Hauses – des Menschen, der seine Lehre ablehnt, und damit das Schicksal derer, die seinen Worten nicht folgen. Matthäus läßt die Predigt mit dieser eindringlichen Warnung enden. Sie ist ein indirekter Aufruf zur Umkehr.

7,28.29. Die Volksmenge vom Anfang (5,1.2) kommt noch einmal in den Blick.

7,28. Als Jesus seine Rede beendet hatte. Damit zeigt Matthäus an, daß nun der Teil, der hauptsächlich Reden Jesu wiedergab, beendet ist und ein neuer Abschnitt beginnt (vgl. 11,1; 13,53; 19,1; 26,1).

Tief betroffen. Die Reaktion der Volksmenge betont, wie radikal neu die Botschaft Jesu war. Er hatte klar gemacht, daß das Reich Gottes nicht allein den Juden gehörte, sondern allen, die bereit sind, sich auf Jesus einzulassen. Er hatte gezeigt, daß das Gesetz, das die Juden hochschätzten (weil es sie von den übrigen Völkern unterschied), den Zugang zum Reich Gottes nicht ermöglicht. Denn selbst die, die das Gesetz mit allem Ernst und Eifer zu halten versuchten (die Pharisäer), mußten ihr Versagen eingestehen. Er hatte einen neuen Weg beschrieben, der Ehrlichkeit, Demut, Barmherzigkeit und Liebe in den Mittelpunkt stellte. Er hatte das religiöse Leben seiner Zeitgenossen getadelt, weil sie sich nur an Äußerlichkeiten festhielten. Solchem Verhalten sprach er jede Anerkennung durch Gott ab. Er drängte seine Zuhörer dazu, ernstlich über ihre Motive nachzudenken. Er betonte die Notwendigkeit einer bewußten Entscheidung für ein Leben nach Gottes Maßstäben. Seine Zuhörer fragten sich nun, wer dieser Jesus eigentlich sei, der in so radikaler Weise zur Nachfolge aufrufen konnte. Matthäus stellt seine Leser (und uns heute) vor die Frage: „Wie stellst du dich zu diesem Jesus?"

7,29. Ihre Schriftgelehrten. Ihre Aufgabe war die Auslegung des Gesetzes. Ursprünglich waren sie mit der Überlieferung des Alten Testamentes beauftragt (dem Erstellen fehlerloser Abschriften). Wegen ihrer genauen Kenntnis der Texte, wurden sie immer wieder zu Fragen der Auslegung herangezogen und wurden mehr und mehr zu Lehrern des Gesetzes. Ihre Autorität gründete sich darauf, daß sie Aussagen früherer Rabbinen zu den Texten zitieren konnten. Die Autorität Jesu dagegen bestand in der Kraft seiner Botschaft und darin, daß er sich zur Beurteilung seiner Lehre auf keine andere Autorität stützte.

Literaturhinweise:

Bücher für das Bibelstudium

Nachschlagewerke, Lexika, Einführungsliteratur:
Alexander, David, Handbuch zur Bibel, Wuppertal 1991.
Alexander, Pat, Kleines Lexikon zur Bibel, Wuppertal, 2. Auflage 1990.
dies./Masom, Caroline, Großer Bildführer zur Bibel, Gießen, 4. Auflage 1987.
Batchelor, Mary, Faszinierende Welt der Bibel, Gießen 1995.
Blunck, Jürgen, Bausteine für die Bibelarbeit,
Bd.1: Matthäus bis Johannes, Gießen, 2. Auflage 1992.
Bd.2: Apostelgeschichte bis Offenbarung, Gießen, 2. Auflage 1993.
Bd.3: Altes Testament, Gießen 1993.
Burkhardt, Helmut u.a. (Hg.), Das große Bibellexikon, Gießen/Wuppertal 1987; Taschenbuchausgabe 1996.
ders. (Hg.), Der neue Bibelatlas, Wupptertal/Gießen 1992.
Dowley, Tim, Brunnen-Bibelatlas, Gießen, 2. Auflage 1993.
Drane, John, Jesus. Sein Leben, seine Worte, seine Zeit, Gießen 1994.
Drechsel, Joachim u.a. (Hg.), Brunnen-Bibellexikon, Gießen 1995.
Grabner-Haide, Anton (Hg.), Praktisches Bibellexikon, Freiburg 1994.
Henning, Kurt, Jerusalemer Bibellexikon, Neuhausen-Stuttgart 1990.
Millard, Allan, Schätze aus biblischer Zeit, Gießen, 3. Auflage 1991.
ders., Die Zeit der ersten Christen, Gießen 1990.
Thompson, J.A., Hirten, Händler und Propheten, Die lebendige Welt der Bibel, Gießen 1992.
Travis, Stephen, Das Altes Testament lesen und verstehen. Brunnen Basic Line, Gießen 1995.
ders., Das Neue Testament lesen und verstehen. Brunnen Basic Line, Gießen 1995.
Wright, Chris/Steinseifer, Wolfgang, Kein Buch wie jedes andere.
Die Bibel lesen und verstehen. Gießen 1996.

Kommentierte Bibelausgaben:
Bruns, Hans, Die Bibel mit Erklärungen. Gießen, 11. Auflage 1993.
Neue Jerusalemer Bibel. Neues Testament und Psalmen, Freiburg, 6. Auflage 1992.
Stuttgarter Erklärungsbibel. Die Heilige Schrift nach der Übersetzung Martin Luthers mit Einführungen und Erläuterungen. Stuttgart 1992.
Wuppertaler Studienbibel. Neues Testament. 21 Bde., Wuppertal 1994.

Zu der Bergpredigt:
Eduard Schweizer, Die Bergpredigt. Göttingen, 2. Auflage 1984.
Reinhard Slenczka, Die Bergpredigt Jesu. Auslegungen in dreißig Andachten, Göttingen 1994.
Helmut Thielicke, Das Leben kann noch einmal beginnen. Ein Gang durch die Bergpredigt, Stuttgart, 5. Auflage 1994.

SERENDIPITY – ein zukunftsweisendes Instrument für den Gemeindeaufbau

Natürlich können Sie Serendipity-Kurshefte im Rahmen bestehender Hauskreise und Gesprächsgruppen einsetzen. Damit haben Sie aber nur einen Teil des Potentials ausgeschöpft. SERENDIPITY bietet Ihnen ein Konzept, in dem eine bedürfnisorientierte, zielgruppengerechte Kleingruppenarbeit zum tragenden Baustein einer einladenden, beziehungsorientierten Gemeindearbeit wird.

Deshalb bietet der **Arbeitskreis** SERENDIPITY in Deutschland, Österreich und der Schweiz ein **Schulungsprogramm** an, das Ihnen Gelegenheit gibt, dieses Konzept kennenzulernen und selbst erste Erfahrungen damit zu machen.

Unser Angebot:

1. Informations- und Schulungstage für Gemeindeleiter, Pfarrer, Verantwortliche für Kleingruppenarbeit und alle Interessierten, die
- ✓ die Kleingruppenarbeit ihrer Gemeinde aufwerten und erweitern möchten
- ✓ Wege suchen, Außenstehenden einladend zu begegnen
- ✓ ihr Kleingruppenangebot an den Bedürfnissen der Menschen orientieren möchten
- ✓ ihre Kleingruppenleiter wirksam unterstützen möchten.

Kleingruppen in der Gemeinde
Grundlagen, Programm, Praxis, 128 S., DM/sFr 24,90*/öS 182,-; Bestell-Nr. 190700
Das Handbuch für Pfarrer, Gemeindeleiter und andere leitende Mitarbeiter führt Schritt für Schritt von der Planung bis zum Start eines bedarfsorientierten Kleingruppenprogramms.

2. Schulungen für Kleingruppenleiter, geeignet für Leiter von Hauskreisen oder Gesprächsgruppen und solche, die es werden möchten.
Was Sie erwartet: ✓ Gruppengespräche ✓ Kurzreferate ✓ Fragen ✓ Austausch ✓ die Gelegenheit, selbst Erfahrungen mit Serendipity zu machen

Was Gruppenleiter wissen müssen
Serendipity – Lebendige Kleingruppen, 64 S., DM/sFr 14,90*/öS 109,-; Bestell-Nr. 190701
Alles, was Sie wissen müssen, um eine Kleingruppe erfolgreich zu leiten.

3. Gemeindeberatung: Gern kommen wir auch zu Ihnen und beraten Sie gezielt im Blick auf die Situation in Ihrer Gemeinde.
Wenn Sie sich über die einzelnen Angebote weiter informieren möchten, wenden Sie sich bitte an: **Arbeitskreis** SERENDIPITY

Deutschland:
Mittelstr. 13
64560 Riedstadt
Tel. 06158-86596
Fax 06158-895246
E-mail: Peter.Laub@t-online.de

Österreich:
Mitterweg 4
4522 Sierning
Tel. 072 59 28 72
Fax 072 59 28 724
E-mail: eundg@evang.at

Schweiz:
Bibellesebund
Flugplatzstr. 5
8404 Winterthur
Tel. 052 245 14 45
Fax 052 245 14 46
E-mail: leitung@bibellesebund.ch

Ihre Bestellungen richten Sie bitte direkt an Ihre Buchhandlung oder an den Brunnen Verlag, 35331 Gießen, Fax: 0641-6059100, E-mail: verkauf@brunnen-verlag.de